Hundetraining mit Spass

Hundetraining mit Spaß

von Manuela Nassek

Cadmos Verlag GmbH, Lüneburg
Copyright © 2000 by Cadmos Verlag
Umschlagfoto: Tatjana Prawitz
Gestaltung: Ravenstein Brain Pool
Druck: Grindeldruck GmbH, Hamburg
Alle Rechte vorbehalten
Abdrucke oder Speicherung in elektronischen
Medien nur nach vorheriger schriftlicher
Genehmigung durch den Verlag.
Printed in Germany

ISBN 3-86127-713-1

INHALT

VORWORT	7
AUSRÜSTUNG	9
Ausrüstung für den Hund	9
Wichtige Ausrüstung für den Hundeführer	9
AUSWAHL OPTIMALER MOTIVATIONSHILFEN UND SPIELGERÄTE	10
Futtermotivation	10
Spielmotivation mit verschiedenen Gegenständen	10
Richtiges Lob	11
DAS RICHTIGE ALTER FÜR DIE GRUNDAUSBILDUNG – OPTIMALE VORAUSSETZUNGEN BEACHTEN	12
BEI FUSS GEHEN IN VERSCHIEDENEN VARIANTEN	14
Bei-Fuß-gehen rechte Seite	17
Rückwärts gehen	18
Perfektionsübungen	19
Richtige Anwendung der verschiedenen Motivationsmöglichkeiten	23
FEHLERKORREKTUREN	24
Hund geht schräg vor dem Hundeführer	24
Hund sitzt schlecht	24
NASENARBEIT	26
Such Verloren	26
Eigenidentifizieren	28
VORAN – ALLE VARIANTEN	30
Teppichmethode	30
Ballmethode	31
Futterbehältermethode	31
Konditionieren auf ein Objekt	32
RICHTUNGSWEISUNG	34
Ballmethode	34
Futterröllchenmethode	35
APPORTIEREN – AUFBAU UND PERFEKTION	36
SPIELEN BEIM SPAZIERGANG	41
Verstecken	42
Personen suchen	42
TRICKS	44
Stell dich schlafend	44
Hund springt über Hund	44
Sprung über Herrchen oder Frauchen	46
Sprung über Unterschenkel oder Unterarm	46
Erkenne dies und das	47
Fang das Futter, fang den Ball	48
Männchen machen	49

INHALT

Spielzeug aufräumen	49
Packtaschen tragen macht Spaß	50
Gib Laut	50
Durch einen Reifen springen	50
Sprung durch einen imaginären Reifen	51
In die Arme springen	52
Auf die Arme springen	52
Die Rolle	52
Winken	53
Grüßen und Verbeugen	55
Fußslalom	55
Heelwork to music	57

ZWEITHUND 58

Welche Spielregeln muss man beachten?	58

WELPENSPIELTRAINING 60

Röllchenspiel	60
Gehorsam spielerisch erlernen	62
Fehlverhalten und Lösungsbeispiele	66

UNERWÜNSCHTE EIGENSCHAFTEN 71

Hund stiehlt aus dem Mülleimer	71
Hund stiehlt vom Tisch	71
Hund springt Hundeführer ständig an	71
Hund springt hoch und schnappt dabei	72
Wie tadle ich meinen Hund richtig?	72

FLYBALL 73

AGILITY 75

Wichtige Voraussetzungen	75
Hürden	76
Problem – „Hürdenstangen schmeißen"	76
Kontaktzonengeräte	81
Slalom	86
Körpersprache	92
Wie entsteht ein Siegerteam?	94

VORWORT

Vorwort

Ich freue mich, mein Wissen und meine persönlichen Erfahrungen in Form dieses Buches vermitteln zu dürfen, um Ihnen die vielfältige Art der Zuneigung Ihres Hundes näher zu bringen, die auf Vertrauen, Achtung, Treue, Freundschaft und Liebe basiert und lebenslang dauert. Sie ist frei von Abnützungserscheinungen und zeigt sich immer wieder durch Stunden, Tage und Jahre der Freude.

Dieses Buch ist sowohl als Nachschlagewerk für Hundebesitzer, deren Hund die Grundlagen der Unterordnung bereits beherrscht, gedacht als auch für ambitionierte Newcomer mit Ersthund, die einen lustvollen Aufbau für ein harmonisches Zusammenleben mit ihrem Liebling auf spielerische Art und Weise schätzen.

Viele unserer Hunde sind infolge Zeitmangels zu wenig gefordert – vielen Hundebesitzern ist gar nicht bewusst, wozu ein Hund fähig ist. Nur spazieren gehen ist auch nicht die Lösung, und so ist es möglich, dass der bislang angenehme Hund launenhaft, dominant, ängstlich, fett, ungelenkig, manchmal sogar aggressiv wird. Das beste Rezept dagegen bietet sich in Form von täglich einigen Minuten gemeinsamen Trainings. Ihr Hund wird sein Verhalten merklich ändern, Sie dafür umso mehr schätzen, und die Bindung zwischen Ihnen und Ihrem Hund wird sich dadurch vertiefen. Es liegt in der Natur des Hundes, seinem Rudelführer gefallen zu wollen – was ist schöner, als dies seinem Hund durch gemeinsame Betätigung in spielerischer Form zu ermöglichen? An dieser Stelle möchte ich Sie auf einen bewährten Leitsatz hinweisen:

DER HUND KANN NUR SO GUT SEIN WIE SEIN HUNDEFÜHRER SELBST

Dem Hund bieten sich ähnliche Bedingungen wie dem Menschen beim Erlernen einer Fremdsprache, man hilft sich durch Gesten und diverse Körperzeichen, bis ein Begriff auch verbal sitzt. Eines muss Ihnen jedoch klar sein: Ihr Hund kann Ihre Worte möglicherweise nicht gleich verstehen, doch er vertraut bedingungslos Ihrer Körpersprache. Der optimale Lernprozess eines Hundes erfolgt durch Wiederholungen mit positiver Motivation – deshalb achten Sie darauf, Ihre Körperhilfen immer in gleicher Art anzuwenden. Wenn Sie jedoch das Gefühl haben, Ihren Liebling zu überfordern, beginnen Sie dort wieder, wo der Hund noch richtig verknüpft hat, also genau mit der Reaktion geantwortet hat, die Sie von ihm erwartet haben.

Nicht vergessen:
In der Kürze liegt die Würze!
Sie finden in diesem Ratgeber Anregungen, Tipps und Tricks für das erfüllte Zusammenleben mit Ihrem Hund. Mein besonderer Dank für ihre Mitarbeit gilt Frau Margot Fischer. Sie stellte mir Hunde aus ihrer Groenendael-Zucht „de la Souris Noire" für die Illustrationen zur Verfügung. Die Fotos zeigen:

- *Engie v. d. Buckligen Welt*
- *Amelie de la Souris Noire*
- *Barouche de la Souris Noire mit ihrer Mama Ashja und jüngstem Zuwachs Bergerac Xerxes*
- *Chika vom Ryfenstein*

Weitere Abbildungen zeigen meine Border Collies:
- *Roy – Heelwork to music Champion*
- *Lucy – Heelwork to music Eleve*
- *und Salome, meine alte Kurzhaar Colliehündin*

AUSRÜSTUNG

Ausrüstung

Ausrüstung für den Hund

Um erfolgreich zu sein, sollte der Hund folgende Ausrüstung bekommen:

- Ein einfaches, glattes Lederhalsband guter Qualität mit etwa 1,5 bis 2 Zentimeter Breite (aber nicht eines, das sich nach vier Wochen Gebrauch in die doppelte Länge ziehen wird, das heißt: kein Pressleder). Das Halsband sollte dem Hund so passen wie der Hemdkragen einem Mann – bequem anliegend, ohne eng zu sein.
- Eine 1,00 bis 1,20 Meter lange leichte Lederleine, die höchstens 1,5 Zentimeter breit ist. Der Karabiner sollte möglichst klein geformt sein, um dem Hund keinesfalls Schmerz zufügen zu können.

Wichtige Ausrüstung für den Hundeführer

- Eine freundliche Stimme und eine konsequente, sanfte, aber bestimmende Hand.
- Bequeme Schuhe mit biegsamer Sohle
- Zweckmäßige Bekleidung, die nicht flattert.

Störende Kordeln sind abzulehnen. Langes, offenes Haar ist beim Hundetraining störend, denn es engt das Blickfeld ein und erschwert den Blickkontakt!

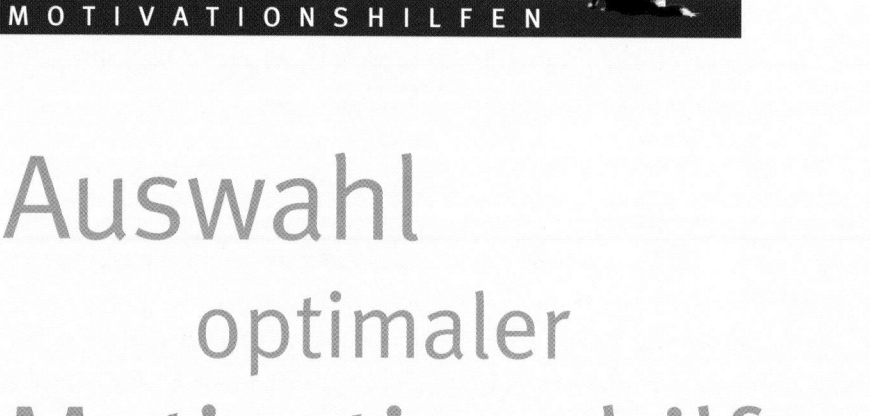

MOTIVATIONSHILFEN

Auswahl optimaler Motivationshilfen und Spielgeräte

FUTTERMOTIVATION

- Kleine, weiche Leckerli jeder Art (maximal Erbsengröße), zum Beispiel gekochtes Huhn, Stückchen von Kaustreifen oder Selbstgebackenes (siehe Rezept). Wichtig ist, dass der Hund es mögen soll, und nicht der Hundeführer!
Die betont kleinen Stücke sollen nicht den Anschein erwecken, man wäre geizig, denn der Hund soll beim Training nicht gefüttert, sondern belohnt werden.

SPIELMOTIVATION MIT VERSCHIEDENEN GEGENSTÄNDEN

- Ein weiches Teppichröllchen, entsprechend der Hundegröße. Sie basteln es aus einem geschmeidigen Stück Teppich, legen jeweils ein Ende bis zur Mitte, um es anschließend links und rechts mit einem Klebeband (empfehlenswert ist Isolierband) zusammenzubinden. Das Röllchen wird mit etwa 3 Zentimetern

Durchmesser gewickelt und sollte den Fang des Hundes beidseitig ein wenig überragen.

- Ein Stück Teppich gleicher Art von etwa 30 x 40 Zentimeter Größe zum Voran-/ Voraussenden.

- Einen weichen Gummiball (um keine Verletzung der Zähne zu verursachen), eventuell mit Schnur versehen. Tennisbälle sollten ein absolutes Tabu sein, denn sie schleifen mit ihrer Glasfaseroberfläche die Zähne ab.

- Ein weiches Quietschtier in passender Größe. Warum gerade weich? Weiches Gummi bietet weniger Widerstand und ist daher nicht so leicht zu zerbeißen.

- Ein Tablettenröhrchen aus Kunststoff für nicht apportierbereite Hunde, die aber fressgierig sind.

- Holzröllchen und diverse andere geeignete Gegenstände zum Identifizieren. Die Größe der Tabletten - und Holzröllchen richtet sich nach der Hundegröße, aber für gewöhnlich haben diese ebenfalls einen Durchmesser von etwa 3 Zentimetern.

MEIN PERSÖNLICHES REZEPT FÜR SELBST GEBACKENE LECKERLI

- *250 g Hühnerleber (zerkleinern)*
- *3 Knoblauchzehen (pressen)*
- *1 Ei (verquirlen).*

Alles gut vermischen, anschließend
- *1 Joghurtbecher Mehl*
- *1 Joghurtbecher Maisstärke darunter mischen.*

Auf einem mit Backpapier belegten Blech einen Zentimeter dick gleichmäßig verstreichen.
20 Minuten bei 200° C backen.

RICHTIGES LOB

Das Lob muss für den Hund bedeuten, dass er eine erwünschte Tätigkeit perfekt ausgeführt hat. Und es muss immer in der Sekunde erfolgen, in der er die gewünschte Handlung ausführt. Keine Sekunde später oder früher, damit der Hund diese Bestätigung auch genau richtig zuordnen kann. Das heißt, er wird auf diese Worte („Brav", „Guter Hund" oder Ähnliches) mit einer positiven Verknüpfung konditioniert, wie sie beispielsweise in Form von Futterstücken erzielt werden kann.

DAS RICHTIGE ALTER

Das richtige Alter für die Grundausbildung – optimale Voraussetzungen beachten

Sobald der Welpe oder erwachsene Hund in seine neue Umgebung integriert ist (das ist wahrscheinlich innerhalb eines Tages), können Sie bereits mit dem Training beginnen. Erwünschte Aktionen mit Lob oder Leckerli bestätigen, unerwünschtes Verhalten jedoch sofort stoppen. Dazu reicht ein wirklich ernst gemeintes „Nein", das aus der Bauchgegend kommen sollte, oder ein ganz einfaches „Eh". Dabei dem Hund (wenn möglich) tief und streng in die Augen sehen.

Die beste Voraussetzung für einen gehorsamen Hund ist die spielerische Ausbildung im Welpenalter, um Probleme beim erwachsenen Hund zu vermeiden. Der Welpe ist wissbegierig, extrem lernfähig und voll auf „seinen Menschen" konzentriert.

Er ist fähig, das Warten, Eigenidentifizieren in Form von Suchspielen, Apportieren, Platz, Sitz, neben dem Hundeführer her Laufen, lustvoll und spielerisch zu erlernen. Täglich drei bis vier Mal jeweils rund fünf Minuten üben, jedoch nicht alles auf einmal, und immer mit einer Übung oder einem Übungsschritt aufhören, die der Hund bereits beherrscht. Das Training muss für den Hund immer mit einem positiven Erlebnis, mit einem dicken Lob enden.

Sie beginnen mit einer Übung Ihrer Wahl, und erst wenn diese gefestigt ist, bringen Sie ihm die nächste bei. Das Gleiche gilt auch für einen erwachsenen Hund; dieser kann pro Trainingseinheit bis 15 Minuten belastet werden.

Voraussetzung für jedes Training ist eine entspannte Atmosphäre und Ihre gute Laune. Der Hund spürt nämlich Ihre negative Stimmung (Traurigkeit, Wut, Sorge, Liebeskummer, Angst, oder auch nur Anspannung vom Büro) und hat eigentlich einen anderen Hundeführer vor sich, dessen Stimme und Körpersprache nicht die gewohnte ist. Im Affekt ist der Hund schnell ungerechtfertigt gerügt, wenn er nach Ihrer Ansicht einen Fehler gemacht hat. Passiert Ihnen das öfter, erreichen Sie nur Meideverhalten des Hundes und der Endeffekt ist – Sie müssen wieder von vorne beginnen oder zumindest einige Ausbildungsschritte zurückgehen.

Tipp für unsichere Hunde

Sie sollten nie die Arbeit beenden, wenn der Hund sich gerade ängstlich oder gar demotiviert zeigt. Versuchen Sie es geduldig so lange, bis er Ihnen seine Aufmerksamkeit schenkt, und anschließend belohnen Sie ihn und beenden sofort die Übung, ehe er das negative Verhalten wieder zeigen kann.

Der Hund hätte nämlich sonst sehr schnell gelernt, dass er trotz seiner unerwünschten Reaktion erhöhte Aufmerksamkeit und Anerkennung erhält.

BEI FUSS GEHEN

Bei Fuß gehen in verschiedenen Varianten

Ideal wäre ein Hund, der bereits im Welpenalter das „Hinaufschauen", also den Blickkontakt gelernt hat (siehe bei Welpenausbildung), aber diese Übung ist natürlich auch für erwachsene Hunde geeignet.

Um dem Hund das aufmerksame bei Fuß gehen beizubringen, benötigen Sie Geduld sowie Spielzeug oder Futter. Für einen sehr temperamentvollen Hund ist vorheriges Austoben von Vorteil, es fällt ihm dann leichter, auf Ihrer Höhe zu bleiben und nicht vor Ihnen zu hüpfen.

Bevor Sie losgehen, achten Sie darauf, dass Ihnen die volle Aufmerksamkeit, also der Blickkontakt Ihres linksseitig sitzenden Hundes gewiss ist (Training dazu auch bei Welpenausbildung). Die Leine befindet sich in der rechten Hand, den Motivationsgegenstand beziehungsweise das Futter halten Sie links.

Achtung: Die Leine sollte sich mit dem Karabiner unterhalb des Hundekinns befinden (wesentlich ist, im Training die Leine in der rechten Hand zu halten, dem Hund ist völlig egal, wenn sie bei einer Prüfung links gehalten wird).

Wichtiges Detail der Körpersprache

Wenn Sie mit dem linken Fuß losgehen bedeutet das: mitgehen, wenn Sie hingegen mit dem rechten Fuß starten: bleib und warte. Für den Hund ergibt sich das automatisch, wenn der Hundeführer bei jedem Training genau auf seine Körpersprache achtet. Anfänglich gibt man noch das passende Kommando, zum Beispiel „Bleib" (rechtes Bein zuerst), soll jedoch der Hund mitgehen, benützt man das Kommando „Fuß" = linkes Bein zuerst. Sie motivieren Ihren Hund mit einem kurzen

Wenn der Hund gerade konzentriert nach oben blickt ... *... fällt die Belohnung direkt von oben zu ihm hinab.*

Leinenzupfer und gehen gleichzeitig mit dem linken Fuß los. Solange sich Ihr Hund auf der richtigen Höhe befindet (Hundeschulter auf Kniehöhe des Hundeführers), geben Sie immer wieder das Kommando „Fuß", kombiniert mit Lob (zum Beispiel „brav", „braver Hund", aber wirklich nur dann, wenn er optimal agiert). Nach einigen Schritten bekommt er seinen Motiviergegenstand und zwar dann, wenn er gerade konzentriert auf Sie blickt.

Die Belohnung soll immer von oben erfolgen. Werfen Sie den verwendeten Spielgegenstand nicht nach vorne, der Hund würde sonst im Lauf der Zeit glauben, er müsse vor Ihnen herlaufen, damit er seinen Ball bekommt.

Sollte der Hund zu weit vorpreschen, rufen Sie ihn mit einem Kommando (zum Beispiel: „zu mir") und einer kurzen Zupfbewegung der Leine zurück. Gleichzeitig gehen Sie selbst einige Schritte rückwärts. Der Hund sollte gerade (wie zum korrekten Vorsitzen) zu Ihnen kommen. Wenn er knapp vor Ihnen ist, holen Sie ihn in einem Bogen (von Ihnen aus gesehen)

BEI FUSS GEHEN

Der Hund wird gerade zurückgeholt ...

... im Bogen auf der linken Seite nach hinten geführt ...

... und wieder nach vorne ...

... bis er parallel in Grundstellung ist.

nach links hinten und führen ihn hinter sich (noch immer links) wieder parallel an Ihre linke Seite in Grundstellung (siehe Foto-Serie).

Auf jeden Fall muss der Hund verbal gelobt werden, sobald er wieder auf „Fußhöhe" ist. Nach einigen gut ausgeführten Schritten Belohnung nicht vergessen.

Damit der Hund nicht automatisiert wird, verwenden Sie den Motivationsgegenstand nicht immer für die gleiche Situation. Sie sollten ihn auch spontan zwischendurch anwenden, zum Beispiel als Belohnung für besondere Aufmerksamkeit, wenn der Hund schön neben Ihnen geht und Sie unentwegt anschaut. Verwenden Sie die Belohnung auch, wenn Ihr Liebling zu Ihnen kommt.

Nach einigen Trainingseinheiten wird der Hund verstanden haben, was Sie von ihm wollen. Damit die Übung für den Hund nicht langweilig wird, gehen Sie immer nur einige Schritte, bevor sie ihn „zurückholen", oder wenn seine Aufmerksamkeit nachlässt. Erst später, wenn der Hund Gefallen an der Übung hat, tun Sie Folgendes: Sie gehen wieder einige Schritte vor, holen Ihren Hund zurück („zu mir") und statt der bisherigen Grundstellung gehen Sie einige Schritte weiter – anschließend Belohnung. Vergessen Sie während der Arbeit nicht den „small talk" mit Ihrem Hund.

BEI FUSS GEHEN RECHTE SEITE

Die Grundvoraussetzung eines freudigen Hundes ist die motivierte Fußarbeit. Auf spielerische Art gefestigt, fördert sie das enge Mitgehen. Es ist außerdem leichter als man denkt, den Hund auf beiden Seiten Fußgehen zu lehren.

SPIELERISCHER ÜBUNGSAUFBAU DAZU:

Aus zwangloser Bewegung plötzlich die Richtung um 180 Grad ändern, ein paar Schritte laufen und dabei den Hund mit lockender Stimme und eventuell Spielzeug oder Futter motivieren. Sobald der Hund auf gleicher Höhe ist, dasselbe schnell wieder in die andere Richtung, dadurch ergibt sich, dass der Hund einmal links und ein-

Mitten im Gehen wird die Richtung um 180 Grad gewechselt ...

... der Hund folgt der Richtungsänderung ...

BEI FUSS GEHEN

... und geht nun an der anderen Seite.

Ein Hund, der auf beiden Seiten problemlos läuft, ist in Alltagssituationen leichter führbar.

mal rechts von Ihnen läuft und sogar Spaß dabei hat. Abschließend erhält der Hund natürlich Lob und Spielzeug oder Leckerli. Dieses Spiel kann jederzeit mit und ohne Leine erfolgen.

Festigen des im Spiel Gelernten:

Ihr angeleinter Hund erhält für die Arbeit an Ihrer rechten Seite ein konträres Kommando zu dem für die übliche linke Fußseite. Bei extrem temperamentvollen Hunden empfiehlt sich anfangs nur Futter, um eine bessere Konzentration des Hundes zu erreichen. Ein auch rechtsseitig laufender Hund ist ein problemloser Begleiter beim Radfahren, Reiten und dergleichen, er wird dadurch im Verkehrsgeschehen wesentlich leichter führbar sein.

Rückwärts gehen

Diese Übung erfordert Zeit und Geduld, sie ist jedoch sehr wichtig, um den Hund in den Gelenken geschmeidig zu halten.

Die rechte Hand deutet das Entgegenwerfen des Spielzeugs an ...

... während gleichzeitig die linke Hand die Leine kurz Richtung Rute zupft.

Sie gehen folgendermaßen vor: Ihr angeleinter Hund steht vor Ihnen und Sie deuten mit Ihrer rechten Hand ein Entgegenwerfen der Belohnung an, gleichzeitig zupfen Sie mit der linken Hand kurz an der Leine in Richtung Rute und animieren dadurch den Hund zum Zurückgehen. Will sich der Hund setzen, stellen Sie einfach Ihren Fuß seitlich unter seinen Bauch und heben ihn vorsichtig wieder auf. Sobald der Hund Tendenz zu einer Rückwärtsbewegung (mindestens zwei Schritte) zeigt, sofort loben.

Perfektionsübungen

Mit Übungen lassen sich die enge Grundstellung und die Fußarbeit perfektionieren.

Das „Sitz" sollte Ihrem Hund für diese Übung allerdings bereits vertraut sein. Ihr Hund sitzt (üblicherweise) an der linken Seite, er erhält das Kommando „sitz – bleib", während Sie eine halbe Drehung (180°) in Richtung Hund vollziehen und anschließend ein bis zwei Schritte gehen. Somit sitzt der Hund nun etwa zwei Schritte hinter Ihnen, quasi Rücken an Rücken.

BEI FUSS GEHEN

Drehen Sie sich nicht um, schauen Sie nur über die Schulter zum Hund, ...

... rufen Sie ihn beim Namen und fordern Sie ihn auf, in Grundstellung an Ihre Seite zu kommen.

Sobald er auf Sie zugeht, beginnen Sie die Leine einzuholen.

Sobald er sich auf Kommando setzt, erhält er eine Belohnung und dickes Lob.

Wichtig ist, die Belohnung bereits in der Hand versteckt zu halten.

Schauen Sie dann über Ihre linke Schulter und drehen Sie den Oberkörper so, dass Sie Blickkontakt zum Hund herstellen können (schauen Sie über Ihre rechte Schulter, wenn der Hund auf die rechte Seite kommen soll).

Falls der Hund gerade wegschaut, rufen Sie ihn beim Namen oder schnalzen Sie einfach mit der Zunge.
Ermutigen Sie ihn, in Grundstellung (Sitz) zu kommen. Dazu rufen Sie ihn gleichzei-

Sie stehen dem Hund gegenüber, die Leine locker in der rechten Hand, in der linken die Belohnung bereit.

Die linke Hand hält immer noch die Belohnung. Gleichzeitig mit dem Griff in die Leine machen Sie einen Schritt, mit dem linken Fuß nach hinten mit Tendenz nach rechts.

tig beim Namen, während Sie die Leine einholen, sobald er sich in Ihre Richtung bewegt. Wenn der Hund mit der Schnauze auf Fersenhöhe ist, ziehen Sie die Leine (die Sie jetzt knapp oberhalb des Karabiners halten), gefühlvoll mit Kommando „sitz" nach oben an Ihr Becken. Dort erhält er sofort das Futter. Anschließend loben und ein Spiel. Wiederholen Sie diese Übung mehrmals täglich bis zur Perfektion. Die meisten Hunde werden in kürzester Zeit begriffen haben, bei manchen kann es aber auch einige Tage dauern. Die Geschicklichkeit des Hundeführers ist dafür meistens ausschlaggebend.

Nächste Übung:

Sie stehen Ihrem angeleinten Hund etwa 0,50 Meter gegenüber. In Ihrer linken Hand befindet sich die Motivation, die rechte hält locker die Leine. Sie greifen mit der linken Hand nach der Leine im Karabinerbereich (beugen sich also vor und halten ihm sozusagen die Motivation

... und führen den Hund in einem Bogen an Ihre linke Seite.

Sobald er auf Fersenhöhe ist, treten Sie zurück in die Ausgangsstellung, was den Hund an Ihre Seite zieht.

BEI FUSS GEHEN

Der Hund erhält das Kommando „bleib".

Sie machen auf gleicher Linie einen Schritt zur Seite und drehen sich um.

Die Leine muss hinter Ihnen liegen, damit der Hund auf Zuruf schnell folgen kann (und seine Belohnung bekommt).

vor die Nase) und führen ihn gleichzeitig mit einem linksseitigen Schritt Ihrerseits nach hinten in einem Bogen links von Ihnen weg.

Sie setzen den Bogen in Ihre Richtung fort. Wenn der Hund auf Fersenhöhe ist, verwenden Sie ein Kommando, zum Beispiel „schließ" und machen mit dem linken Fuß wieder den Schritt vor in die ursprüngliche Stellung. Der Hund wird dadurch (mit leichtem Zug nach oben an der immer noch kurz gehaltenen Leine) gleichzeitig in enge Grundstellung gebracht. Wichtig ist der Blickkontakt vor Anwendung der Belohnung. Empfehlenswert ist die mehrmalige Wiederholung täglich, bis der Hund verstanden hat. Ein Herkommen zur engen Grundstellung ist auch durch seitliches Wegtreten des Hundeführers (etwa zwei Schritte) auf gleiche Art und Weise möglich.

Das Schließkommando hat den Vorteil, dass der Hund darüber schnell lernt, eng an der Fußseite zu gehen. Für eventuelle Perfektionsübungen in späterer Folge, wie zum Beispiel das Seitwärtsgehen oder die enge Drehung nach links bietet sich diese Ausbildungsart geradezu an.

Vorübung zur Linkskehrtwendung:

Ihr (angeleinter) Hund sitzt in Grundstellung. Mit dem Kommando „sitz – bleib" entfernen Sie sich seitlich einen Schritt nach rechts, drehen sich um 180° zum Hund, so dass sich Ihre Fersen mit den Zehenspitzen Ihres Hundes auf einer gedachten Linie befinden. Danach fordern Sie Ihren Hund unter Verwendung seines Namens auf, an Ihre linke Seite wie oben beschrieben in Grundstellung zu kommen. Die sofortige Belohnung (linke Hand hält das Leckerli auf Fanghöhe am Bein anliegend bereit) bringt enge, schnelle Wendung. Leinenführung: Sie halten die Leine in der rechten Hand, drehen Ihre linke Schulter in Richtung Hund. Mit einem kurzen sanften Leinenzupfer motivieren Sie Ihren Hund, schnell in Grundstellung zu kommen. Die Leine „einholen" und wie gewohnt mit der linken Hand zum Karabiner greifen, um den Hund (durch diese Körpersprache) zum raschen Hinsetzen zu ermutigen.

Richtige Anwendung der verschiedenen Motivationsmöglichkeiten im Rahmen der Fussarbeit

Futter: Fixierung des Hundes auf die Hand mit dem Futter (gilt übrigens auch für alle anderen Übungen).

Sie achten bei der Fußarbeit darauf, dass sich Ihre linke Hand an der linken Körperseite in Kopfhöhe Ihres Hundes befindet. Sollten Sie Ihren Hund füttern, wenn er Sie gerade nicht ansieht, wird er den konzentrierten Blickkontakt niemals lernen, denn Sie bestätigen damit das Wegschauen.

Spielzeug: Bevorzugen Sie (Ihr Hund) Spielzeug, halten Sie es im Beckenbereich und lassen es einfach fallen, aber so, dass es der Hund fangen kann (Ausbildung dazu: Artikel „Fang das Futter/ den Ball). Anschließend damit spielen.

Konzentrierter Blickkontakt wird auf der Stelle mit Futter belohnt.

FEHLERKORREKTUREN

Fehlerkorrekturen

Hund geht schräg vor dem Hundeführer

Der Fehler hat seine Ursache fast immer bereits in der Grundausbildung. Das Schräggehen vor dem Hundeführer ergibt sich dadurch, dass die Belohnung permanent aus der rechten Hand gegeben wurde (nur nützlich bei zurückbleibendem Hund).

Hund geht seitlich zu weit weg

Fehlerbehebung durch exaktes Trainieren der zuvor angeführten Perfektionsübungen.

Hund sitzt schlecht

Meistens falsch gelernt und dafür bestätigt. Anfangs ist man froh, dass der Welpe oder Hund überhaupt sitzt, und achtet gar nicht darauf wie, obwohl im Anfangsstadium einer Ausbildung jede Korrektur seitens des Hundes sicher akzeptiert wird. Der Hund versucht immer, das Beste zu geben, um Ihnen zu gefallen, er kann nicht wissen, was richtig oder falsch ist. Einige Hunderassen, die wegen ihres Körperbaus gehandikapt wirken, können durch Korrigieren zum richtigen Zeitpunkt sehr wohl zu einer korrekten Grundstellung erzogen werden, allerdings muss die Grundausbildung zum Sitzen unter Mithilfe der Füße des Hundeführers frontal erfolgen.

Ein gerne praktiziertes Fehlverhalten des Hundeführers ist auch, den seitlich zu weit weg sitzenden Hund durch einen Griff in die Weichteile zu sich schieben zu wollen. Vorsicht, gerade das kann vom Hund als sehr schmerzhaft empfunden werden! Und der Hund verknüpft somit diese Art der Korrektur als unangenehm und wird den engen Körperkontakt noch mehr meiden. Derartige Korrekturen sollten möglichst immer durch die Leine erfolgen (siehe Perfektionsübungen).

Tipp fürs tägliche Leben:
Sie üben mit Ihrem angeleinten Hund auf nicht frequentierten Straßen das Anhalten vor jeder Gehsteigkante auf

So wird kein falscher Sitz korrigiert, es tut dem Hund weh und macht alles nur noch schlimmer.

Der Fuß des Hundeführers engt den Platz zum Hinsetzen ein; der Hund sitzt gerader.

Kommando (zum Beispiel „Steh", „Stopp", „Halt", „Warte" oder „Bleib"), das Weitergehen erfolgt wieder erst auf Kommando (zum Beispiel „Weiter", „Geh", „Lauf").

Zweck des Ganzen: Der Hund hat unter keinen Umständen den Gehsteig zu verlassen, auch nicht durch die Provokation eines geworfenen Spielgegenstandes. Erkennen Sie die richtige Verknüpfung Ihres Hundes, können Sie dasselbe ohne Leine trainieren. Folglich ergibt sich beim Radfahren oder Reiten, dass die Gehsteigkante die Bedeutung einer unsichtbaren Barriere hat und der Hund erst durch ein zugerufenes Kommando eine Straßenkreuzung überqueren darf. Der anhaltende Hund wird natürlich sehr gelobt, für den perfekt ausgebildeten Hund ist das gestattete Weiterlaufen die Bestätigung.

NASENARBEIT

Nasenarbeit

Such Verloren

Jeder kennt das Gefühl, wenn er Handschuh, Schlüssel, Leine oder anderes verloren hat. Obwohl das menschliche Auge unbewegliche Gegenstände besser wahrnehmen kann als das Auge eines Hundes, ist die Hundenase dem menschlichen Organ um ein Vielfaches überlegen.

Auch mir ist es schon passiert, dass ich eine braune Leine im Herbstlaub verloren hatte und sie anschließend nicht mehr finden konnte, weil es außerdem bereits dämmerte. Meine Hündin Salome, der ich erst kürzlich beigebracht hatte, einen Gegenstand zu suchen, war meine letzte Hoffnung. Als gut ausgerüsteter Hundeführer hatte ich immer ein paar Leckerli dabei, die ich meiner gefräßigen Hündin sogar vorher zeigte. Ich setzte Salome wie gewohnt aus dem Training ab und ließ sie an meiner Hand riechen. Mit dem Befehl „Such Verloren!" schickte ich sie los. Es dauerte keine Minute, bis sie plötzlich mit der Pfote am Boden zu scharren begann, was bedeutete – sie hatte die Leine gefunden. Überschwenglich lobte ich Salome und von diesem Zeitpunkt an fand sie alles, was ich je verlor.

Wie und ab welchem Alter kann man seinem Hund „Such Verloren" beibringen?

Sobald Ihr Hund bei Ihnen lebt. Dazu brauchen Sie einen Ihrem Hund vertrauten Gegenstand, zum Beispiel Stoffröllchen oder nicht zu großes Spielzeug. Weiterhin benötigen Sie Gegenstände zum Verstecken des Gegenstandes (Kübel, Ziegelstein, Topf, offener Karton).

Motivieren Sie Ihren Hund durch Spiel, zum Beispiel mit dem Teppichröllchen (Sie erleichtern übrigens Ihrem Hund die folgende Suche, wenn Sie den Gegenstand etwa eine halbe Stunde einstecken und dadurch mit Ihrem Geruch versehen – man nennt das „Verwittern"). Vorteilhaft wäre, mit dieser Übung in einem vertrauten Raum zu beginnen, Sie vermeiden dadurch jegliche Ablenkung.

Beim ersten Versuch laufen Sie nach dem Riechen mit dem Hund zusammen zum Versteck ...

... aber bald findet er ganz alleine mit seiner Nase ins Ziel.

Sorgen Sie dafür, dass Ihr abgelegter, abgesetzter oder angehängter Hund zusehen kann, wo Sie seinen Lieblingsgegenstand – in oder hinter einem der oben angeführten Verstecke – verbergen.

Lassen Sie den Hund nun folgendermaßen an Ihrer Hand riechen: Sie legen den Daumen auf den Nasenrücken Ihres Hundes und halten ihm den Rest Ihrer Finger vor die Nase (etwas Abstand, er soll ja schließlich noch Luft bekommen). Die andere Hand hält den Hund am Halsband, um ein vorzeitiges Laufen zum Suchobjekt zu verhindern. Hat der Hund Ihren Geruch aufgenommen, laufen Sie mit ihm an der Leine auf das Kommando „Such (Riech)" zum Gegenstand (Röllchen) hin. Findet er den Gegenstand und nimmt ihn auf, loben Sie Ihren Hund tüchtig und laufen mit ihm ein wenig. Nehmen Sie ihm die „Beute" aber nicht gleich wieder weg, sonst könnte er den Spaß daran verlieren, nach dem Motto: wozu holen, wenn ich die Beute gleich wieder hergeben muss? Lassen Sie im Gegenteil den Hund ruhig die Beute etwas halten, indem Sie ihm leicht unter den Fang greifen, und rangeln Sie etwas mit ihm.

Haben Sie das Gefühl, der Hund hat das Spiel verstanden, lassen Sie den Hund in einem anderen Raum warten, bis der Gegenstand versteckt ist. Nach und nach werden die Verstecke immer schwieriger.

Nach beendetem Spiel wird das Suchobjekt so aufbewahrt, dass der Hund keine Möglichkeit hat, es zu erreichen. Unter nicht erreichbar meine ich, so hoch wie möglich.

Dazu eine Episode: Mein Border Collie Bill, er war bereits im Alter von neun Wochen mit diesem Spiel vertraut, holte sich nämlich postwendend das Röllchen wieder aus dem Versteck – immerhin musste er dazu den Deckel einer Küchenbank öffnen. Ich dachte an Zufall und wiederholte die Aktion – jedoch hob dieser Schlawiner gekonnt mit seiner Schnauze den Deckel und holte sich das Röllchen noch einmal. Dabei schaute er mich fragend an: war ich brav?

Funktioniert das Suchen in gewohnter Umgebung, üben Sie auch außer Haus auf gleicher Basis, durch die bereits erhaltene Praxis wird der Hund im Freien um einiges routinierter arbeiten. Um den Hund nicht nur auf das Röllchen zu fixieren, verwenden Sie auch hin und wieder andere Suchobjekte. Dieses Spiel bietet sich bereits ab dem Welpenalter – im Wohnbereich – an, Ihrer Fantasie sind keine Grenzen gesetzt.

Praxisgerechte Spielvariante:

Sie werfen das Lieblingsspielzeug Ihres Hundes (sollte nicht zu groß sein, zum Beispiel ein Ball) auf kurze Distanz in vorzugsweise hohes Gras und lassen ihn dieses bringen. Folgeübung: Ihr Hund befindet sich sitzend in Wartestellung, Sie werfen den Spielgegenstand ins Gras, warten einige Sekunden und geben ihm anschließend das Suchkommando. Aufgeregt wird Ihr Hund hinterherlaufen, um seine Beute zu finden. Sie sollten diese Übung aber nicht übertreiben, denn Riecharbeit ist anstrengend.

Bietet sich kein hohes Gras, legen Sie den Ball unbemerkt auf den Boden (hinter Grasbüschel, Stein, in kleines Loch), entfernen sich einige Meter und nehmen Ihren Hund in Grundstellung – Richtung „verlorener Gegenstand". Dann animieren Sie ihn zur Suche, eventuell durch Einriechen an Ihrer Hand, unter Einbeziehung des Zurückhaltens am Halsband als Animation zur schnelleren Durchführung. Sobald der Hund den gefundenen Gegenstand aufnimmt, loben Sie ihn überschwenglich.

> **Tipp:**
> *Vorteilhaft für Nasenarbeit auf Gras sind rote Gegenstände, diese bieten eigenartigerweise für den Hund wenig Kontrast, sind aber für das menschliche Auge gut sichtbar.*

Eigenidentifizieren

Der Hund sollte bereits seinen Geruchssinn einsetzen können wie bei voriger Übung beschrieben, doch das ist nicht wirklich wichtig, es erleichtert nur die Übung. Dazu benötigen Sie mehrere gleich aussehende Gegenstände aus Stoff oder Holz, zum Beispiel Röllchen von ca. zwei bis drei Zentimetern Durchmesser und zehn Zentimetern Länge. Einen dieser Gegenstände tragen Sie möglichst lange intensiv am Körper (verwittern). Die anderen Gegenstände sollten Sie besser gar nicht berühren und nur mit Pinzette, Grill-, Gurken- oder Spaghettizange anfassen.

Aufbewahren können Sie die nicht verwitterten Gegenstände in einem Glas mit

Schraubverschluss, denn sie sollten geruchsneutral bleiben.

Je nach Ausbildungsstand Ihres Hundes können Sie nun den verwitterten Gegenstand mit etwa 30 Zentimetern Abstand zu einem neutralen, auf einem möglichst von Ihnen unberührten Boden gut sichtbar auslegen (Noch besser: lassen Sie eine Hilfsperson die beiden Gegenstände auslegen, die dann allerdings Ihren Gegenstand mit der Zange halten muss).

Ihr Hund sollte während des Auslegens sitzende Stellung einnehmen, um das Geschehen konzentriert beobachten zu können. Sind die Gegenstände ausgelegt, motivieren Sie Ihren angeleinten Hund durch Ihre vor seine Nase gehaltene Hand, seinen Geruchssinn zu gebrauchen. Dann erfolgt das Kommando „Riech", und Sie begeben sich mit Ihrem Hund (angeleint!) zu den beiden Gegenständen. Wahrscheinlich wird er sowieso den von Ihnen verwitterten Gegenstand gleich erkennen und aufnehmen. Mit lobenden Worten sofort mit dem Hund laufen und ihn den Gegenstand tragen lassen. Wenn er den falschen Gegenstand aufnimmt, kommentarlos wegnehmen und mit einem neuen neutralen Gegenstand wiederholen.

Logische Erklärung: Richtiger Gegenstand – Lob, falscher Gegenstand – keine Emotion.

Nur eines der Hölzchen hier riecht nach „Frauchen". Zielsicher hat der Hund es herausgefunden.

VORAN – ALLE VARIANTEN

Voran
– alle Varianten

TEPPICHMETHODE

Voraussetzung dafür ist, dass Ihr Hund die Stellungen Sitz, Platz und Steh beherrscht.

Konditionieren Sie Ihren Hund spielend auf ein Stück Teppich (30 x 40 Zentimeter, möglichst weiches Material). Und das geht so: Der angeleinte Hund darf anfangs in den Teppich beißen, der vor ihm bewegt wird wie ein normaler Spielgegenstand. Sobald der Teppich im Spiel auf dem Boden landet, erhält der Hund das Platzkommando möglichst im Bereich des Teppichs, am besten genau darauf. Nach einigen Sekunden darf er wieder damit spielen.

In weiterer Folge werfen Sie den Teppich zwei oder drei Meter weg, der Hund wird ihm aufgrund seines Beuteverhaltens nachlaufen, Sie unterstützen ihn gleichzeitig mit dem Kommando „Voran" oder „Voraus". Hat er den Teppich erreicht, erhält er das Kommando „Platz". Er wird

Der Teppich wird erst Spielzeug und dann „Zielgebiet".

wahrscheinlich, basierend auf der vorherigen Automatisierung, ohnehin gleich diese Stellung einnehmen.

BALLMETHODE

Die Ballmethode (erlaubt die meisten Varianten): Sie werfen mehrmals den Ball gerade nach vorne und unterstützen diese Übung mit dem Kommando „Voran" oder „Voraus", der Hund darf jedes Mal nachlaufen.

Variante: Sie deuten die Wurfbewegung nur an, der Hund wird dem vermeintlich geworfenen Ball nachlaufen. Sie werfen den Ball jedoch erst dann, wenn Sie vermuten, dass sich Ihr Hund umdrehen wird. Als geübter Wurfspezialist können Sie dadurch Ihren Hund steuern, relativ große Distanzen zu laufen. Diese Übung können Sie nuancieren, indem Sie Ihrem Hund das „Platz" Kommando geben, bevor er sich zu Ihnen wendet. Nach der Übung den Ball als Belohnung werfen; der Hund darf nachlaufen.

> **WICHTIG:**
> *Sie dürfen den Ball nicht auslegen, um den Hund voraus zu schicken. Das ist ungeeignet. Der Hund wäre ständig im Zwiespalt: Soll er den Ball bringen oder sich davor hinlegen?*

FUTTERBEHÄLTER-METHODE

Optimal eignet sich dazu ein mit Leckerli versehenes, verschlossenes Tablettenröhrchen. Sie machen Ihren Hund auf den

Dem Ball hinterherjagen ist Spaß für den Hund - doch er soll ihn nicht apportieren.

Zu einem Napf mit etwas Futter drin lässt sich jeder Hund gerne schicken.

VORAN – ALLE VARIANTEN

Gute Arbeit wird sofort belohnt.

Voransendens gewählt wird, umso schneller kann der Hund gelobt, bestätigt oder korrigiert werden. Bei exakter Ausführung durch den Hund kann natürlich die Distanz vergrößert werden.

Konditionieren auf ein Objekt

Als Objekt eignet sich ein Kegel, Kübel, Blumentopf, eine mit Sand gefüllte Plastikflasche oder Ähnliches.

Die Motivation für den Hund, dorthin zu laufen, ergibt sich durch das Verstecken von Spielzeug oder Futterröllchen hinter diesem Objekt, welches mit einem Namen nach Wahl bezeichnet wird. Das heißt: Sie stehen zwei bis drei Meter, mit Ihrem angeleinten Hund, vor dem Objekt, mit dem Kommando, zum Beispiel „Kegel" laufen Sie gemeinsam zum Kegel. Der Hund sollte dort die Position „Steh" einnehmen. Ich bevorzuge es, wenn der Hund rechts, eng neben dem Kegel, zum Stillstand kommt. Sollte sich der Hund jedoch hinsetzen, einfach mit dem Fuß zum Aufstehen animieren.

Inhalt dieses Behälters neugierig und lassen ihn etwas daraus kosten. Sie legen das Röhrchen sichtbar in gerader Linie vor den Hund und schicken ihn mit dem „Voran"-Kommando zum Röhrchen hin. Dort positionieren Sie den Hund nach Ihrer Wahl (also „Platz", „Steh" oder „Sitz"). Die Bestätigung beziehungsweise das Lob erfolgt durch Sie, indem Sie zu Ihrem Hund gehen und ihn aus diesem Behälter füttern. Je kürzer die Distanz des

Hat der Hund dieses Objekt als Ziel angenommen, erfolgt die Bestätigung für das Verharren beim Objekt durch den Hundeführer mittels Werfen des bei obiger Übung versteckten Gegenstandes folgendermaßen: Der angeleinte Hund läuft mit dem Hundeführer (Leine in der rechten Hand) Richtung Objekt, nimmt dort die gewünschte Position ein und wird durch den geworfenen versteckten Spielgegenstand beziehungsweise das

Sie laufen gemeinsam zum angepeilten Ziel ...

... hinter dem die Belohnung für den Hund schon wartet.

Futterröllchen (Futter aus Röllchen) belohnt.

Weiterführender Übungsablauf: Ausführung wie oben beschrieben, allerdings bleibt der Hund beim Objekt (zum Beispiel dem Kegel), der Hundeführer geht zur Ausgangsposition zurück. Für das Verharren in der gewünschten Position wird der Hund diesmal durch den Hundeführer mit Werfen des Gegenstandes oder Futterröllchens in gerader Richtung über den Hund belohnt. Nach mehrmaligem Training sollte der Hund den Weg zum Kegel alleine finden (mit maximal zwei bis drei Meter Entfernung beginnen).

Warten beziehungsweise Ziel-alleine-finden wird mit einer zugeworfenen Belohnung beantwortet.

RICHTUNGSWEISUNG

Richtungs-
weisung

Aus der Sicht des Hundes heißt das Kommando hier „Links!"

BALLMETHODE

Sehr Erfolg versprechend ist die Ballmethode (eventuell Futterröllchen). Sie stehen frontal dem Hund gegenüber in ca. zwei bis drei Metern Entfernung und halten in beiden Händen gleich aussehende Gegenstände. Sie werfen allerdings während des Lernprozesses nur jeweils den linken oder den rechten Gegenstand mehrmals eine kurze Distanz weg. Geben Sie das Kommando aus Sicht des Hundes, das heißt, für Sie seitenverkehrt.

Nächster Ausbildungsschritt: Sie deuten (Hund seitlich von Ihnen) einen geraden Ballwurf an. Wenn der Hund läuft, wird der Ball jedoch nach links oder rechts geworfen. Sobald der Hund reagiert und die Richtung ändert, das „links" oder „rechts"-Kommando geben. Die Bestätigung erhält der Hund durch das Fangen des Balles, oder auch nur durch das Nachlaufen.

Futterröllchen-Methode

Bei Hunden, deren Spieltrieb nicht gefördert wurde, verwenden Sie das bereits vertraute Futterröllchen, außerdem benötigen Sie zwei Futterschüsseln und eine Handvoll Leckerli. Sie stellen beide Schüsseln etwa fünf Meter voneinander entfernt auf und platzieren sich mit Ihrem Hund sozusagen als dritter Punkt eines gleichschenkligen Dreiecks.

In eine der Schüsseln legen Sie das gefüllte Futterröllchen (Hund wartet, darf aber zusehen). Sobald Sie wieder beim Hund angelangt sind, darf er gleich zu dieser Schüssel laufen, wird dabei aber von Ihnen mit Handzeichen und Richtungskommando unterstützt.

Der aufmerksame Hund wird zur richtigen Schüssel laufen und seine Belohnung abholen. Läuft er nicht oder zur falschen Schüssel, entfällt die Bestätigung durch Leckerli. Verhindern Sie jedoch durch sofortige Einwirkung, dass sich der Hund aus der anderen Schüssel das Röllchen holt, nachdem er falsch agiert hat, und wiederholen Sie dieselbe Übung.

Ob Ihr Hund Ihre Kommandos und Ihre Körpersprache intus hat, können Sie leicht feststellen, indem Sie vortäuschen, in beide Schüsseln Futter zu legen, ihn jedoch zur gefüllten Schüssel schicken. Anfänglich läuft der Hund vielleicht zur leeren Schüssel, dadurch wird er aber sehr schnell lernen, Sichtzeichen und Kommando zu beachten.

Variante: Der Hundeführer steht frontal zum Hund zwischen den Schüsseln (Kommando seitenverkehrt geben) oder er nimmt eine – anfänglich – relativ knappe Position hinter dem Hund ein.

Zu Anfang weiß der Hund, in welcher Schüssel das Futter liegt.

APPORTIEREN

Apportieren – Aufbau und Perfektion

Für nicht spielfreudige Hunde eignet sich ein umwickeltes Futterröllchen bestens

Die meisten Apportierfehler ergeben sich bereits in der Prägephase des unbefangenen Welpen, denn dieser nimmt alles vom Boden auf und trägt es. Der unwissende Hundeführer ist dadurch verärgert, da es sich meistens um seine Schuhe, Bekleidungsstücke, ein Stück Tapete oder anderes handelt. Üblicherweise wird der Hund sogar dafür bestraft. Resümee: Der Hund hat gelernt, dass er für das Bringen getadelt wird. Der Welpe gibt irgendwann resigniert auf, wenn es ihm nicht gelungen ist, seinen Menschen mit diesen Aktionen zu erfreuen. Der Hundebesitzer ist froh, dass sein Hund diese Unart endlich abgelegt hat, ist sich aber nicht bewusst, welchen Schaden er durch sein tadelndes Verhalten möglicherweise damit angerichtet hat. Meiner Ansicht nach ist es besser, die gebrachten Gegenstände einfach dem Hund wortlos abzunehmen. Sollte der Welpe jedoch einmal *sein* Spielzeug bringen, sofort loben und mit ihm spielen. Schnell wird der Welpe verknüpfen, was er bringen *darf.*

Wichtiger Leitsatz zum Spielen mit Gegenständen:

Dem Hund muss vermittelt werden, dass der Hundeführer das Spiel beginnt und auch beendet, ihm die verwendeten Spielgegenstände eigentlich nur für das Spiel *mit* dem Hundeführer zur Verfügung stehen (für den Hund verständliches Rangordnungsverhalten).

So ist es perfekt: Sie werfen den Apportiergegenstand und schicken den Hund hinterher.

Der Hund läuft zum Ziel, greift sich was er soll und kehrt sofort zurück.

ÜBUNG:

Ihr Welpe (es funktioniert aber auch beim erwachsenen Hund) ist angeleint, und Sie animieren ihn am Boden sitzend zum Spielen mit einem weichen Gegenstand (zum Beispiel dem Teppichröllchen). Der unbefangene Welpe ist bei diesem Spaß sicher gleich dabei, beim schon etwas älteren Hund werden Sie möglicherweise den Gegenstand erst interessant machen müssen: am Boden zackig bewegen, hüpfen lassen, kurz damit erstarren, mit einem Wort – Beute simulieren, den Gegenstand hinter sich oder in der Hand verstecken. Vergessen Sie nicht, auch Ihre Stimme (in relativ hoher Lage) zu verwenden, jedenfalls wird der Hund darauf positiv reagieren.

Aus einer solchen Spielsituation können Sie den Gegenstand – maximal eine Leinenlänge (wichtig: kein Leinenruck) nach vorne werfen. Sicher läuft Ihr Hund aufgeregt hinterher und nimmt den Gegenstand auf. Bestätigen Sie ihn sofort, indem Sie ihn mit Worten loben, gleichzeitig holen Sie den Hund mit der Leine (die Sie noch immer halten) wieder zu sich. Loben Sie Ihren Hund zusätzlich, indem Sie ihm über Kopf und Brust streicheln oder auch vorsichtig klop-

APPORTIEREN

Besser kann Hund gar nicht mehr vorsitzen.

Auf „Aus" wird die Beute freudig gegen ein Lob oder eine Belohnung eingetauscht.

fen. Nehmen Sie nach einiger Zeit den Gegenstand wortlos aus seinem Fang und wiederholen Sie die Übung. Verwenden Sie das Kommando „Hier" oder „Bring" erst, wenn der Hund die Übung beherrscht, sonst sind Sie möglicherweise mit einer *Fehlverknüpfung* konfrontiert - siehe Fehlerquellen.

Die Übung beherrschen heißt: Sie werfen das Teppichröllchen, der Hund nimmt es auf und läuft direkt zu Ihnen. Sie können ihm dabei helfen, indem Sie ihn mit der Leine zu sich zupfen. Vorsitzen ist in diesem Lernabschnitt noch nicht erforderlich!

Das Auskommando verwenden Sie erst dann, wenn der Welpe locker seinen Fang öffnet und bereitwillig seine Beute hergibt. Sollte der Welpe die Beute ganz fest halten und nicht hergeben wollen, erhält er als Tauschobjekt ein Leckerli, oder Sie animieren ihn durch einen anderen Spielgegenstand, den er als Bestätigung fürs Auslassen erhält. Bei manchen, vor allem jungen Hunden, hat sich auch bewährt, sie durch starkes, kurzes Pusten auf den

Nasenschwamm (Vorsicht: kann Zurückschnappen bewirken) zum Abgeben des Spielzeugs zu veranlassen.

Eine erschwerende Abwechslung zu dieser Übung ergibt sich, indem man den Welpen warten lässt. Das heißt: Sie werfen das Spielzeug (Röllchen) eine Leinenlänge vor und Ihr angeleinter Hund muss sitzen bleiben. *Sie* holen den Gegenstand ab und belohnen den Hund fürs Warten durch ein Spiel mit genau diesem Gegenstand. Ein anderes Mal *darf* der Hund diesen Gegenstand bringen. Versuchen Sie, diese beiden Versionen, aber immer noch mit einem weichen Gegenstand, abwechslungsreich zu gestalten.

In weiterer Folge können Sie den weichen Gegenstand eventuell sogar schon durch ein leichtes Bringholz ersetzen, dadurch ist bereits der nächste Lernschritt erfolgt, der später durch das Vorsitzen ergänzt wird.

Wenn Ihr Hund direkt vor Ihnen „knautscht", also auf dem Gegenstand herumbeißt, ignorieren Sie ihn, indem Sie einfach in die Luft schauen, hört er damit auf, erfolgt Lob. Knautscht der Hund beim Herkommen, ist ratsam, mit dem die Beute haltenden Hund zu laufen. Zeigt er das erwünschte Verhalten, bleibt ihm die Beute, andernfalls wird sie ihm sofort kommentarlos abgenommen.

> **TIPP:**
> *Das Teppichröllchen wird für nicht bringfreudige Hunde wesentlich interessanter, wenn in ihm ein Stück Pansen, Wurst, Käse oder Ähnliches versteckt ist. Seine Belohnung erhält der Hund jedoch abwechselnd aus Röllchen und Hand.*

Hunde lieben es zu helfen, und tragen gerne auch die Zeitung.

Praktischer Tipp: Lassen Sie Ihren Hund die Tageszeitung, einen kleinen Einkaufskorb oder anderes nach Hause tragen. Er wird es voller Stolz tun. Ich empfehle Ihnen jedoch fürs erste, eine bereits gelesene Zeitung zu verwenden, da sie sich hinterher möglicherweise eher zum Auswinden als zum Lesen eignen wird. Und seien Sie dem Hund nicht böse, dass er die Zeitung fallen lässt, wenn er Hundenachrichten erschnüffelt.

FEHLERQUELLE FÜR NEGATIVVERKNÜPFUNG

Der Hund läuft nach, obwohl der Gegenstand noch nicht ruhig am Boden liegt.

Das kann *beim Bringholz oder anderen harten Gegenständen* zu fatalem Meideverhalten führen, wenn das Holz vom Boden zurückprallt, weil der Hund im Nasenbereich schmerzempfindlich ist.

Rechtzeitiges Timing ist hier entscheidend für eine Fehlervermeidung.

Das Apportieren ist eine sehr diffizile Angelegenheit, die meisten Fehler ergeben sich bereits beim Aufbau, deshalb sind Einfühlungsvermögen und Geduld erforderlich. *Oberstes Gebot:* Cool bleiben, sich (wenn möglich) niemals über eine nicht gelungene Übung zu ärgern! Der Hund sollte hier absolut keinen Stress bemerken, ansonsten kann er überfordert werden und dadurch zu knautschen beginnen, oder ein sensibler Hund meidet das Bringen von Gegenständen. Hingegen sollte das Lob niemals fehlen.

Hund will überhaupt nichts in den Fang nehmen: Möglicherweise ein medizinisches Problem.

DER SPAZIERGANG

Spielen beim Spaziergang

Ein häufiges Problem vieler Hundebesitzer besteht darin, dass der Hund beim Spaziergang wegläuft und selber Abenteuer sucht. Im schlimmsten Fall kommt er stundenlang nicht wieder, oder folgt sogar Wildspuren.

Dem können Sie Abhilfe schaffen, indem Sie statt eines langweiligen Spazierganges eine interessante Beschäftigung anbieten.

Nehmen Sie für den Hund ein Spielzeug mit (einen Ball oder Ähnliches) und verwenden es auch! Werfen Sie den Ball wie gewohnt und animieren Sie Ihren Hund, ihn zurückzubringen. Danach deuten Sie einen Wurf an, prompt wird Ihr Hund dem imaginären Ball nachlaufen. Sobald er sich umdreht (er wird nämlich bemerken, dass der Ball gar nicht geworfen wurde), geben Sie ihm das Kommando zum Hinlegen. Führt er es aus, folgt sofort die Bestätigung, indem Sie den Ball über den Hund

Wenn sein Mensch verloren geht, denkt kein Hund mehr an Weglaufen, sondern nur noch an Suchen.

nach vorne werfen, er darf dann dem Ball nachlaufen, um ihn wiederzubringen. Bei manchen Hunden ist es nötig, den Ball mehrmals hintereinander tatsächlich zu werfen. Sie würden sonst den Spaß an der Sache schnell verlieren. Eine gespannte Trieblage ist unbedingt nötig, um die exakte Umsetzung der Kommandos zu erreichen. Wechseln Sie die Kommandos alternierend auf „Sitz" oder „Steh".

Für dominante und triebstarke Hunde empfehle ich folgende Variante: Ehe der Hund loslaufen darf, um den Ball zu fangen – aber nur, wenn er seine Position beibehält – erhält er von Ihnen ein Kommando wie z.B. „Frei", „Lauf", „Fang".

Positionskontrolle: Eine zweite Person wäre vorteilhaft, um das vorzeitige Verlassen der eingenommenen Position zu verhindern.

Weitere Hemmübung mit hoher Effizienz: Der Hund erhält das Kommando „Bleib", Sie werfen gleichzeitig den Ball, holen diesen aber anschließend selbst. Danach sollten Sie entweder den Ball Richtung Hund zwecks „Fangen" werfen oder den Hund mit Spiel an seinem Standort belohnen.

Methode zur raschen selbstständigen Kehrtwendung des Hundes: Basis ist das vorher beschriebene Ballspiel. Im Zuge eines vorgetäuschten Wurfes rufen Sie den weglaufenden Hund beim Namen (optimal ist der Moment, bevor er sich umdreht), um seine sofortige Aufmerksamkeit zu erhalten. Vollzieht er die Drehung in Ihre Richtung, erhält er sofort das Kommando „Zurück", „Back", oder Ähnliches. Eine derartige Reaktion ist für viele Situationen vorteilhaft wie z.B. in Agility oder auch bei Gefahr im Verkehr, sowie beim versuchten Wildern des Hundes.

VERSTECKEN

Sollte sich Ihr Hund oder Welpe zu weit von Ihnen entfernen, verstecken Sie sich hinter einem Busch, Baum, auch ein Müllcontainer erfüllt seinen Zweck, in einer Grube, im Getreidefeld oder sonst wo. Haben Sie keine Scheu, sich flach auf den Boden zu legen oder Hockstellung einzunehmen, um für den Hund möglichst weit weg zu erscheinen, sollten keine Verstecke vorhanden sein. Rufen Sie Ihren Hund mit Namen, möglichst in die entgegengesetzte Richtung. Sobald er Sie gefunden hat, wird er mit einem besonderen Leckerli oder Spiel belohnt.

Voraussetzung zum Gelingen ist allerdings eine gute Bindung des Hundes zu Ihnen, die Sie in gewohnter Umgebung bereits aufgebaut haben sollten, diese Versteckübungen fördern jedenfalls die Anhänglichkeit, sofern sie im frühen Welpenalter praktiziert werden. Ein etwas älterer oder dominanter Hund wird Ihnen das Austricksen vielleicht nicht so einfach machen, aber auch hier gilt: Konsequenz und Geduld sowie die richtige Motivation.

PERSONEN SUCHEN

Eine dem Hund sehr vertraute Person versteckt sich mit dem Lieblingsspielzeug oder einem Leckerli hinter einem Baum,

Strauch, Zaun, einer Hausecke oder Ähnlichem. Der Hund sieht anfänglich zu. Nun wird er ermuntert, die namentlich bezeichnete Person unter Beifügung eines passenden Kommandos zu suchen. Die versteckte Person ermuntert den Hund durch Rufen, zu ihr zu kommen, und bestätigt seinen Sucherfolg durch sofortiges Spiel oder Geben von Leckerli. Hat der Hund das Spiel verstanden, ist das Zusehen beim Verstecken der Person nicht mehr nötig. Sollte er unsicher reagieren, (passiert, wenn die Übung noch nicht ausreichend gefestigt ist oder ein Hundeführer seinen Hund überfordert, weil er einige Lernschritte überspringt), dann geben Sie ihm ruhig Hilfestellung, damit er einen positiven Abschluss findet.

Tricks

STELL DICH SCHLAFEND

Das Kommando kann frei gewählt werden, zum Beispiel „Schlafen", „Peng", „Tot".

Basis ist die Platzposition, aus dieser wird der Hund einfach in Seitenlage gebracht. Dazu knien Sie sich vor den Hund und drücken ihn beidhändig versetzt im Schulter- und Brustkorbbereich sanft zur Seite. Mit der Bewegung geben Sie Ihrem Hund das gewünschte Kommando. Eine weitere Möglichkeit ist das Fassen beider Unterarme (fast im Ellbogenbereich), um durch sanftes Ausheben den Hund in Seitenlage zu bringen. Ein selbstständiges Kopfheben des in Seitenlage befindlichen Hundes ist durch Streicheln über die ganze Körperseite zu verhindern, dabei das gewünschte Kommando lobend verwenden, und natürlich hinterher die Belohnung nicht vergessen! Die Perfektion besteht darin, dass sich der Hund aus jeder Stellung – sowohl im Stand als auch aus der Bewegung – umfallen lässt.

Wahre Begebenheit zu diesem Thema: Ich erschien in Begleitung meines Hundes an meinem Arbeitsplatz, meine Kollegin packte gerade ihre Wurstsemmel aus. Mein verfressener Hund nahm meine Äußerung: „Er hat es gut, er kann jetzt schlafen" zum Anlass, sich umfallen zu lassen. Meine unbewusst gesagten Worte haben ihn zu dieser Tätigkeit animiert, um von der Wurstsemmel ein Stück zu erhalten. Meine nichts ahnende Kollegin zeigte richtig Wirkung, sie war nahezu schockiert, weil mein Hund bei dieser Übung sogar die Augen schließt.

HUND SPRINGT ÜBER HUND

Überängstliche und aggressive oder dominante Hunde sind für dieses Kunststück eher nicht geeignet.

Wichtig ist eine sehr gute Vertrauensbasis sowohl zwischen Ihnen und Ihrem Hund als auch den beiden Hunden untereinander. Der Hund muss das Springen auf

Streicheln über die ganze Körperseite lässt den Hund still liegen bleiben.

Kommando beherrschen. Um seine Sprunggelenke nicht überzubelasten, sollte der Hund allerdings für jegliche Sprungausbildung mindestens ein Jahr alt sein.

Einer der Hunde liegt in Platzposition am Boden. Vor ihm ist eine Hilfsperson, die ihn am Halsband festhält, damit er nicht aufsteht. Der andere (angeleinte) Hund steht seinem Hundeführer auf Leinenlänge gegenüber. Genau zwischen ihnen befindet sich der liegende Hund. Motivieren Sie Ihren Hund mit einem Sprungkommando, unterstützt durch Spielzeug oder Leckerli, und einem Lei-

Was im Liegen trainiert wurde, klappt auch im Stehen.

TRICKS

nenzupfer, direkt zu Ihnen zu kommen. Sobald der Hund zum Sprung ansetzt, machen Sie mindestens einen Schritt zurück. Haben beide Hunde begriffen, dass eigentlich nichts passiert, kann der bislang liegende Hund auch in stehender Position übersprungen werden.

Sprung über Herrchen oder Frauchen

Natürlich ist es auch möglich, dem eigenen Hund das Springen über seinen Hundeführer beizubringen. Der Hund lernt es genauso wie den Sprung über einen anderen Hund. Nur spielt sein Mensch die Rolle des Hundes, und die Hilfsperson animiert den Hund dazu, sein Herrchen oder Frauchen zu überspringen. Nach ein paar Übungen weiß der Hund dann selbst, was er zu tun hat, sobald sein Mensch liegt und er das Sprungkommando bekommt. Der Assistent ist dann überflüssig.

Sprung über Unterschenkel oder Unterarm

Sie brauchen eine Mauer oder dergleichen. Um ein Ausweichen des Hundes zu vermeiden, halten Sie Bein oder Arm ausgestreckt, zeigen dem Hund eine Motivati-

Auch den Sprung über einen Menschen oder einen Arm erst bodennah trainieren.

onshilfe (eventuell geben Sie zusätzlich Leinenunterstützung) und geben ihm ein Springkommando. Den Trick so bodennah wie möglich aufbauen.

ERKENNE DIES UND DAS

Voraussetzung ist ein freudig apportierender Hund.

Für den Aufbau benötigen wir einen Gegenstand, der für den Hund angenehm zu tragen ist. Dieser wird mit einem Namen betitelt (also zum Beispiel „Ball") und für ein intensives Spiel verwendet, an dessen Ende Sie den Gegenstand werfen. Sobald der Hund ihn aufnimmt, sagen Sie den Namen dieses Gegenstandes und anfangs für alle Fälle das zusätzliche Kommando „Bring" (also: Ball Bring). Hat der Hund den Namen intus, wird der Ball nicht mehr geworfen, sondern ausgelegt und dann bekommt der Hund die Aufforderung: „Ball Bring". Machen Sie die Probe aufs Exempel, und verstecken Sie den Gegenstand. Bringt ihn der Hund, sitzt die Übung wirklich und Sie können die Ablenkung durch einen weiteren, aber nicht ähnlichen Gegenstand riskieren. Mit diesem zweiten Gegenstand verfahren Sie wie beim ersten beschrieben, das Endresultat sollte sein, dass der Hund beide klar unterscheidet. Durch oftmaliges Üben sollte man das Erlernte festigen und durch weitere Gegenstände ergänzen (Aufbau siehe oben). Sie können in diesem Stadium natürlich bereits Gegenstände verschiedener Art verwenden, der Hund muss sie allerdings mögen. Das Training mit allen bereits erlernten Gegenständen ist

Das Lieblingsspielzeug liegt zwischen zwei anderen Dingen.

Er hat es richtig erkannt und gegriffen.

sehr wichtig, der Hund vergisst Derartiges schnell und neigt dann auch dazu, einige Gegenstände zu bevorzugen.

Fang das Futter, fang den Ball

Ein hungriger Hund wird auf jeden Fall danach trachten, seinem Sättigungstrieb nachzukommen, deshalb ist das Futterfangen eine für den Hund sehr positive Tätigkeit und gleichzeitig die Vorübung für „Fang den Ball".

Einen nicht zu kleinen Futterbrocken wirft man aus kurzer Distanz mit der Hand möglichst genau Richtung Fang. Fängt der Hund, geben Sie das Kommando („Fang, Schnapp") dazu. Sollte der Futterbrocken am Boden landen, müssen Sie schnell reagieren: Hand oder Fuß darauf, denn das Erfolgserlebnis für den Hund besteht im Fangen, sonst verknüpft er falsch. Werfen Sie noch einmal, bis die Übung gefestigt ist.

Jetzt kommt der Ball ins Spiel: Der Ihnen gegenübersitzende Hund wird erst mal auf den Ball fixiert. Wenn er Ihrer Ballhandbewegung mit den Blicken folgt, ist der richtige Augenblick, den Ball aus der Luft in einem Bogen Richtung Fang zu werfen. Der Bogen deshalb, weil der Hund eine hundertprozentige Chance haben soll, den Ball zu erwischen. Für total ungeschickte Hunde oder Werfer empfiehlt sich

Für ein Leckerchen vor der Nase richtet sich der Hund senkrecht auf.

So sieht es dann ohne Hilfe aus.

Zuerst machen Sie Unordnung, werfen das Spielzeug raus.

Jedes zurückgebrachte Stück wird anfangs in der Tonne gegen eine Belohnung getauscht.

anfänglich, den Ball erst auf dem Boden gefühlvoll aufspringen zu lassen. Gleichzeitig mit dem Zuschnappen des Hundes erfolgt das erwählte Kommando.

MÄNNCHEN MACHEN

Sie brauchen dazu nur eine Zimmerecke und Motivationshilfe durch Futter oder Spielzeug.

Ihr Hund sitzt anfangs (um dem Umfallen vorzubeugen) mit dem Rücken direkt in die Ecke gewandt. Sie untergreifen mit einer Hand des Hundes Unterarme, mit der anderen halten Sie die Motivation vor seine Nase. Sie ziehen die Motivation langsam senkrecht in der Luft hoch. Der Hund wird mit der Nase folgen und sich strecken. Sie unterstützen ihn, indem Sie seine Unterarme hochheben, bis sein Rücken aufrecht ist, dann erhält er das Kommando „Männchen" gleichzeitig mit der Motivation.

SPIELZEUG AUFRÄUMEN

Sie benötigen einen nicht zu hochwandigen Behälter (Karton, Wäschekorb) oder die Spielzeugkiste Ihres bringfreudigen Hundes. Sie knien sich neben den Behälter, worin sich erstmal nur ein Spielzeug befindet. Sie werfen das und ermuntern Ihren Hund, es zu bringen. Achten Sie darauf, dass sich beim Herkommen des Hundes der Behälter zwischen Ihnen beiden befindet. In dem Augenblick, wo sich der Hundekopf genau über dem Behälter befindet, lassen Sie ein Futterstück in den

Behälter fallen. Der Hund wird nach dem Futterstück haschen wollen und den Gegenstand fallen lassen. Genau dann erfolgt das Kommando „Aufräumen" oder dergleichen. Hat der Hund richtig verknüpft, wird das Futter aus der Hand gegeben. Sie glauben nicht, was er dann alles als Spielzeug ansehen und aufräumen wird.

Packtaschen tragen macht Spass

Im einschlägigen Fachhandel werden Packtaschen für Hunde angeboten, wie sie auch bei Rettungshunden verwendet werden. Die Packtasche muss dem Hund genauestens passen und auch den Schulterbereich integrieren. Gewöhnt daran wird der Hund durch das Auflegen eines nicht zu schweren und großen Tuches – normalerweise sind jedoch die Hunde durch das Abtrocknen ohnehin daran gewöhnt. Der angeleinte Hund wird mit diesem Tuch auf dem Rücken einfach herumgeführt und für sein Aussehen gelobt. Er wird diese Tragetätigkeit positiv empfinden. Bald können Sie das Gewicht erhöhen, zum Beispiel durch das bisher verwendete Handtuch in feuchtem Zustand. Durch das Lob motiviert wird er stolz damit marschieren. Sie können nun den ersten Packtaschenversuch wagen. Die leere Packtasche wird mit dem Unterbauchgurt befestigt, akzeptiert sie der Hund, können nach und nach die Taschen gleichmäßig befüllt werden (Achtung! Max. 15 Prozent des Körpergewichtes Ihres Lieblings, nur gesunde Hunde ab Spanielgröße sind dafür geeignet). Hundepacktaschen sind ein idealer Aufbewahrungsort für Dinge, die Diebe anlocken wie etwa die Geldbörse, außerdem eignen Sie sich auch bestens für Wanderungen oder Bergtouren mit dem Hund.

Gib Laut

Nichts leichter als das! Die einfachste Methode ist zu warten, bis der Hund bellt, Sie geben dann einfach das Kommando „Gib Laut". Auch wenn der Hund um Futter bettelt oder sein Spielzeug haben will, nützen Sie die Situation und enthalten es ihm einige Zeit vor. Sie werden sehen, irgendwann wird er Sie auffordernd anbellen. Kommando und Belohnung dazu. Sollte der Hund anfangs nicht wissen, was Sie meinen, während er nach seinem Futter oder Spielzeug giert, unterstützen Sie ihn durch dumpfe Wufftöne. Sobald der erste Bellimpuls des Hundes zu bemerken ist, loben und belohnen. Hat der Hund gelernt, auf Befehl zu bellen, ist es relativ einfach, ihn zum Aufhören zu bewegen, etwa mit dem Kommando „Aus Laut!" und sofortiger Bestätigung.

Durch einen Reifen springen

Dazu können Sie einen Hula-Hoop Reifen, Fahrradreifen oder passenden Schwimmreifen verwenden, der zur leichteren Gewöhnung erst mal am Boden aufgestellt wird. Sie halten mit einer Hand den Reifen, mit der anderen die Leine Ihres Hundes. Der Hund befindet sich in einer Position Ihrer Wahl (also sitzend, stehend oder liegend) und wartet, bis Sie die Leine durch den Reifen geholt haben, dann erst soll er auf Ihr Kommando der Leine folgen. Zur Perfektion die Reifenhöhe langsam steigern und dann die Leine weglassen.

Sprung durch einen imaginären Reifen

Ideal dazu wäre ein sehr gehorsamer Hund und die Unterstützung eines Helfers. Halten Sie ein etwa einen Meter langes Stöckchen gegen eine Mauer (Bodennähe). Ermutigen Sie Ihren Hund, über das Stöckchen zu springen, vorzugsweise von links nach rechts. Gelingt die Übung, können Sie die Höhe schrittweise je nach Hundegröße bis auf 70 Zentimeter steigern. Geht der Hund jedoch unten durch, reduzieren Sie bis zu jener Höhe, die Ihr Hund sicher gesprungen ist. Springt der Hund problemlos, verkürzen Sie das Stöckchen optisch, indem Sie es bis zur Hälfte mit der Hand belegen und wieder wie oben beschrieben agieren. Klappt diese Folgeübung, lassen Sie das Hölzchen ganz weg und stemmen statt dessen Ihre rechte Hand gegen die Mauer. Gehen Sie nicht zu schnell vor und lassen den Hund gleich die volle Höhe springen, sondern lassen Sie ihm Zeit, eine gute Sprungtechnik aufzubauen.

Fortführender Ausbildungsschritt: Sie deuten – unter Benützung Ihrer ausgestreckten

Auch wenn der Hund schon perfekt springt, ist ein Anreiz (hier Ball) für ihn immer noch positiv.

Arme und des Oberkörpers – unter Einbeziehung der Wand durch Kontakt mit Ihren Fingerspitzen einen Kreis an und animieren den Hund (anfänglich reduzierte Höhe) zu springen. Schritt für Schritt verkleinern Sie den Kreisumfang, bis Sie Ihre Finger ineinander verschränken können und das Hilfsmittel Wand nicht mehr benötigen.

TRICKS

So soll der Sprung durch die Arme am Ende aussehen.

Auf die Arme springen

Dieser Trick ist auch für kleine Hunde geeignet.

Sie befinden sich in sitzender Stellung und ermuntern Ihren Hund, auf den Oberschenkelbereich zu springen, dann umschließen Sie ihn mit ihren Händen. Hat der Hund richtig verknüpft, fügen Sie ein Kommando Ihrer Wahl hinzu. Kleine Hunde neigen eher zum „Hinauflaufen", deshalb bietet sich als Sitzgelegenheit beispielsweise die Motorhaube eines PKW bestens an. Auffangen und Festhaltes des Hundes nicht vergessen! Klappt das gut, locken Sie Ihren Hund zum Sprung, befinden sich dazu aber bereits in aufrechter Stellung. Durch ein vorgestelltes Bein können Sie vor allem kleinen Hunden beim Springen Hilfestellung leisten.

Wichtig ist dabei, dass der Hund den Sprung hinter Ihnen beginnend nach vorne ausführt. Rechter Arm: Hüfthöhe, linker Oberarm: ungefähr Schulterhöhe.

In die Arme springen

Prinzipiell ist dabei wenig Unterschied zum vorherigen Trick. Sie halten den Hund jedoch im Sprung fest und benützen ein anderes Kommando.

Die Rolle

Der Hund sollte die Drehung auf eine Seite perfekt beherrschen, ehe er die andere erlernt. Bevorzugt er jedoch eine bestimmte Seite, erleichtern Sie ihm dadurch den Lernprozess.

Rolle nach rechts: Ihr Hund sollte in Sphinx-Stellung an Ihrer linken Seite liegen (Vorder- und Hinterläufe parallel). Sie knien neben ihm. Legen Sie eine Hand auf seine Schulter, eine auf seine Hüfte und drehen Sie den Hund sanft und langsam über den Rücken zu sich. Wenn nötig, helfen Sie ihm, indem Sie, sobald er in Seitenlage liegt, die unterhalb befindlichen Läufe zu sich heben.

Der Hund startet die Rolle aus der Sphinx-Stellung.

Drehen Sie den Hund sanft auf die Seite und über den Rücken.

Ist die Drehung vollzogen, wird gelobt, anschließend sollte der Hund die liegende Stellung verlassen. Diesen Ablauf mehrmals wiederholen.

Sobald sich der Hund auf Kommando (zum Beispiel „Rolle") sicher in eine Richtung dreht, kann mit der anderen Seite, wie oben beschrieben, begonnen werden, allerdings liegt der Hund jetzt rechts von ihnen.

Für sehr kleine, leichte Hunde bietet sich auch die Möglichkeit der frontalen Ausbildung. Dazu fassen Sie die Vorderpfoten und drehen den Hund in die gewünschte Richtung. Das heißt: Nach rechts – vom Hundeführer gesehen – linke Pfote zuerst heben, parallel dazu die andere (wieder aus der Sphinx-Stellung).

Winken

Das Heben einer Vorderpfote ist eine typische Bettelgeste. Indem Sie ein zweckmäßiges Kommando, verbunden mit Lob, anwenden, können Sie dieses an und für sich natürliche Verhalten Ihres Hundes gleich für einen attraktiven Trick (Winken, Grüßen, Pfote geben) nützen.

Lernen kann Ihr Hund das natürlich auch: Sie beginnen den Lernprozess, indem Sie – immer – die gleiche Pfote in die Hand nehmen, sie leicht schütteln und gleichzeitig mit dem gewählten Kommando durch Leckerli bestätigen. Lassen Sie sich von Ihrem Hund täglich mehrmals die „Pfote geben". Helfen Sie, wenn nötig, ein wenig nach, indem Sie leicht mit den Fingerspit-

TRICKS

Manche Hunde heben die Pfote spontan zum Betteln. Mit einem Kommando verbunden, wird ein Trick daraus.

zen an des Hundes Unterarme klopfen und ihn zum Pfote heben motivieren. Halten Sie Ihren Handteller so auf, dass er seine Pfote hineinlegen kann. Nach gelungener Übung gibt es selbstverständlich eine Belohnung. Sehr schnell wird Ihr Hund begriffen haben, was Sie von ihm wollen.

Nächster Schritt: Sie halten Ihre Hand auf, geben das ausgewählte Kommando und erwarten die Pfote Ihres Hundes. Statt die Pfote entgegenzunehmen, ziehen Sie Ihre Hand weg und wiederholen das Kommando zu dieser Übung. Sobald der Hund zu Winken beginnt, ein anderes Kommando als für „Pfote geben" verwenden. Anschließend bestätigen. Mit Gefühl und Ausdauer kann jeder Hund diese Übung erlernen, Sie müssen nur die Zeitspanne für die Belohnung hinauszögern. Allerdings muss Ihnen klar sein, dass Ihr Hund sein Können in allen möglichen und unmöglichen Situationen anwenden wird, um Leckerli zu erhalten.

Die gleiche Lernmethode ist natürlich auch für die andere Pfote anwendbar, allerdings mit einem differenzierten Kommando, jedoch erst dann, wenn er die vorher erlernte Seite exakt beherrscht.

Grüssen und Verbeugen

Es sieht sehr nett aus, wenn sich ein Hund auf Kommando verbeugt, vermutlich gelingt einem damit sogar, weinende Kinder zum Lachen zu bewegen.

Sehr oft schon konnte ich Hundebesitzer beobachten, die wer weiß was anstellten, damit der Hund sich verbeugt. Zum Beispiel befehlen sie dem Hund, sich hinzulegen, und halten gleichzeitig die Hand unter den Bauch. Völlig verunsichert verweigert der Hund dann möglicherweise sogar das „Platz". Darüber ist der Hundeführer dann wieder verärgert, und so kann eine Folge von Missverständnissen entstehen.

Wie bringe ich dem Hund das Grüssen zwanglos richtig bei:

Jeder Hund streckt sich nach einer Ruhephase, um seinen Körper und Kreislauf in Schwung zu bringen. Sie brauchen nur mehr auf diesen Streckvorgang zu reagieren, indem Sie gleichzeitig ein passendes Kommando beifügen und durch Leckerli bestätigen (eventuell unterstützen Sie den ganzen Vorgang mit einer eigenen Verbeugung). Nützen Sie jede Gelegenheit, Ihren Hund für diese Tätigkeit zu bestätigen. Schon bald wird Ihr Hund jederzeit auf Kommando – animiert durch Ihre Verbeugung – reagieren und die Übung gerne ausführen.

Fussslalom

Der Hund sitzt an Ihrer linken Fußseite. Sie machen den ersten Schritt mit dem rechten Fuß und bleiben in dieser Stellung, sodann locken Sie Ihren Hund mit Leckerli oder Spielzeug zwischen diese Schere. Abschließend sollte der Hund rechtsseitig neben Ihrem rechten Fuß sitzend auf seine Belohnung warten. Zurück in Grundstellung und die Übung mehrmals wiederholen, ehe er sich von der rechten Fußseite, wie oben beschrieben, durch den linken – einen Schritt nach vorn gestellten Fuß – wieder in die Ausgangsposition begibt. Sitzt diese Grundübung, kann die Anzahl der Schritte kontinuierlich erhöht werden, weiterhin können Sie bereits das Knie heben, um den

Das ganz natürliche Strecken eines Hundes wird immer wieder belohnt, bis der Hund es auf Kommando ausführt.

TRICKS

Der Slalom wird buchstäblich Schritt für Schritt aufgebaut: Erst lockt eine Belohnung den Hund durch die Beine nach links ...

... da gibt es die verdiente Belohnung,

... dann geht es in der anderen Richtung durch die Schere.

Hund durchgehen zu lassen. Der Hund muss lernen, sich der vorgegebenen Höhe anzupassen, es ist daher nicht vorteilhaft, wie ein Soldat zu marschieren, außer der Rhythmus der verwendeten Musikuntermalung verlangt es.

Heelwork to music

Heelwork to music ist eine relativ neue Hundesportart, die 1989 erstmals in England präsentiert wurde. Die Idee zu dieser attraktiven Vorführung eines Hundes hatte John Gilbert (GB).

Was bedeutet Heelwork to music (HTM)?

Hundeführer und Hund (als Hauptdarsteller) führen eine Kür aus einer Kombination von Fußarbeit und Tricks passend zur Musik vor. Toll dabei ist, dass der Fantasie keine Grenzen gesetzt sind, somit kann der Hund alle Übungen demonstrieren, für die er eine besondere Vorliebe zeigt.

Welche Tricks können angewendet werden?

Ein breites Spektrum von Bewegungsabläufen kann dazu herangezogen werden. Dazu gehören beispielsweise Fußslalom, Kriechen vorwärts und rückwärts, Rolle in verschiedene Richtungen, rückwärts gehen neben und vor dem Hundeführer, ebenso Traversalen, durch die Arme springen, sich verbeugen, winken, steppen, im Rückwärtsgang eine acht zwischen den Beinen, diverse Drehelemente, über den Rücken, Arm oder Fuß springen, links-rechts-Drehung vor und neben dem Hundeführer, in die Arme springen, Drehen auf den Hinterbeinen, Männchen und anderes mehr.
Keinesfalls erwünscht sind aber Effekte, welche die Gesundheit des Hundes gefährden.

ZWEITHUND

Zweithund

Viele Hundehalter haben den Wunsch, einen zweiten Hund zu besitzen. Wie viel Freude ein Welpe auch bringen mag, dem betreffenden Hundebesitzer sollte der erhöhte Zeitaufwand, speziell für die ersten Lebensmonate, bewusst sein.

Welche Spielregeln muss man beachten?

Vor allem die ersten zwölf Monate im Hundeleben sind so wichtig für den Rest seines Erwachsenenlebens. Ein Welpe soll seine Kindheit genießen, dennoch ist Training so früh wie möglich unumgänglich, um Probleme beim erwachsenen Hund zu vermeiden.

> **Voraussetzungen, die Sie schaffen sollten**
> *Spielen Sie täglich alleine mit Ihrem Welpen, vermeiden Sie die Anwesenheit des älteren Hundes, er könnte unerwünschten Druck auf den unerfahrenen Welpen ausüben.*

> *Nehmen Sie sich die Zeit (bis zum ersten Lebensjahr) und gehen jedes Mal mit dem Welpen alleine „Gassi", damit er die bessere Bindung zu Ihnen und nicht zum älteren Hund aufbaut! Diese Zeit könnten Sie für ein gemeinsames Spiel nutzen, zum Beispiel Bringspiele, Verstecken, „Such Verloren" und vor allem das Herkommen trainieren. Diese Spiele sind nicht möglich, wenn der ältere Hund dabei ist! Der Welpe hätte keine Gewinnchance, schlimmstenfalls erhält er vom älteren Hund eine Rüge und könnte sehr schnell die Lust am Spiel verlieren.*

Machen Sie nie den Fehler und führen Sie Ihren Welpen ins Freie, nachdem er sich bereits gelöst hat. Der Welpe erlernt dadurch nur die Fehlverknüpfung: sich im Haus lösen bedeutet Spaziergang.
Mein Lösungsvorschlag:
1. Den Hund besser beobachten.
2. Ihn sofort, wenn Sie ihn während des

Lösens erwischten, für die Dauer von zehn Minuten in eine Hundebox sperren und dann erst hinausgehen. Sollte er jedoch in der Zwischenzeit einschlafen, das Aufwachen abwarten, anschließend nach draußen bringen. Er wird sicherlich sein Geschäft verrichten und Sie können ihn loben.
3. Unbemerkt verrichtete Geschäfte ignorieren. Siehe Punkt 1.

Wenn ein Welpe beim Kontakt mit Personen oder Hunden uriniert, bedeutet das einfach Selbstschutz, nämlich den Hinweis „ich bin ein Welpe" und gibt sich von selbst.
Wie kann man es verhindern?
1. Den Welpen unmittelbar vor dem vorauszusehenden Kontakt lösen lassen.
2. Setzt der Welpe bei der Begrüßung zum Urinieren an, abrupt wegdrehen und gleich nochmaliger Versuch. Unterlässt er es dann, durch Streicheln loben.

Zeigt der Welpe vor bestimmten Situationen (etwa Gewitter) Angst oder Unsicherheit: Keinesfalls bestätigen, indem Sie sich besonders um den Welpen kümmern oder ihn zu trösten versuchen, denn durch vermehrtes Streicheln und Bemitleiden verschlimmern Sie die Situation noch mehr. Vielmehr ignorieren Sie sein Verhalten und tun so, als wäre nichts geschehen. Außerdem wird der ältere Hund durch sein – angenommen normales – Verhalten dem Welpen signalisieren, dass er keine Angst zu haben braucht.

Sollte jedoch der ältere Hund Furcht vor gewissen Dingen zeigen, verhindern Sie durch Trennung der Hunde eine Assoziation des Welpen, er muss dazu nämlich alt genug und sein Wesen gefestigt sein. Leider entspricht es der herkömmlichen Meinung, dass es vorteilhaft für einen jungen Hund ist, den älteren zu imitieren.

Weil ein Welpe mehrmals am Tag gefüttert werden muss, ergibt sich für den erwachsenen Hund eine ungewohnte Situation, denn er wird es normalerweise nicht. Um den natürlichen Futterneid aber so gering wie möglich zu halten, bevorzuge ich, den älteren Hund während dieser Zeit genauso oft zu füttern (Tagesration auf zwei bis drei Portionen aufteilen), die größte Portion erhält er am Abend, um durch die anschließende Nachtruhe die Gefahr einer Magendrehung zu minimieren.

Bereits der ganz junge Welpe sollte konsequent daran gewöhnt werden, sich aufheben zu lassen, strampeln, winden, bellen oder gar nach Ihnen schnappen muss bereits im Ansatz verhindert werden.

Weiterhin sollte der Welpe daran gewöhnt werden, dass Sie und andere Personen in seinen Fang und die Ohren schauen (der Tierarzt wird es Ihnen danken). Regelmäßige Pfotenkontrolle (eingetretene Gegenstände möglich) ist empfehlenswert.

WELPENSPIELTRAINING

Welpenspieltraining

Alle Übungen sollten in der Grundausbildung *immer* an der Leine erfolgen, um beispielsweise ein Weglaufen mit der Beute zu verhindern, denn auch Spielen will gelernt sein. Wir beginnen mit dem Spielen am Boden sitzend, also auf gleicher Ebene mit dem Welpen. Damit schaffen wir ein Vertrauensverhältnis und fördern seine Unbefangenheit. Wenn sich ein Größerer über ihn beugt, versteht der Welpe das nämlich als Dominanzgebärde oder Bedrohung.

ACHTUNG bei *unsicheren und ängstlichen* Welpen: Vermeiden Sie bei folgenden Spielübungen unbedingt jeglichen Leinenruck. Agieren Sie sehr gefühlvoll mit der Leine, sonst kann Ihr Welpe sofort das Spiel verweigern. Warum? Weil er, bedingt durch seine unterste Rudelposition, nie versuchen würde, Ihnen die Beute streitig zu machen. Entweder war er schon immer der Letzte im Rudel, oder der ganze Wurf wurde im Zwinger aufgezogen, er wurde daher nie mit Stress, Lärm und Ähnlichem konfrontiert. Bei solch einem Welpen wäre es gut, ihn so oft wie möglich schrittweise mit Lärm jeglicher Art zu konfrontieren. Es gibt auch eine CD, die nur mit Geräuschen bespielt ist, diese kann man anfangs ganz leise abspielen, mit der Zeit werden die Geräusche dem Welpen auch bei erhöhter Lautstärke nichts mehr anhaben.

RÖLLCHENSPIEL

Erregen Sie die Aufmerksamkeit Ihres Welpen, indem Sie einen Spielgegenstand (zum Beispiel Teppichröllchen) am Boden bewegen – Ihrer Fantasie sind keine Grenzen gesetzt. Sie unterstreichen das Ganze verbal, indem Sie passende Laute von sich geben. Eine andere Möglichkeit ist auch, den Gegenstand in den Händen zu verstecken und selbst neugierig zu bewundern, jedenfalls so tun, als würde es sich um etwas sehr Interessantes handeln. Es ist bei Hunden genauso wie bei Kindern, sie machen mit diesem Verhalten ihresgleichen aufmerksam und fordern dadurch zum Spiel auf.

Sobald das Röllchen interessant genug ist, werfen Sie es maximal eine Leinenlänge weit weg. Der Welpe wird interessiert hinterher laufen, den Gegenstand aufnehmen und natürlich am liebsten damit davonlaufen, also die Beute vor Rudelmitgliedern in Sicherheit bringen – deshalb die Leine.

Viele Hundebesitzer haben folgendes Problem: „Mein Hund läuft dem Spielzeug nur nach, bringt es aber nicht mehr zurück!" Dieses Verhalten ist einfach zu erklären, denn es wurde dem Hund unbewusst antrainiert, indem man ihm die gerade gebrachte Beute sofort wegnahm.

Die Leine hat folgende Funktion: Vorsichtig daran zupfen (nicht ziehen oder gar anreißen) und den Hund sanft zu sich holen. Sie greifen mit einer Hand unter den Fang, während die andere sanft über den Hundekopf streichelt, und Sie loben den Hund zusätzlich verbal. Anschließend entweder das Spielzeug nach dem Loben *(ohne Kommando)* aus dem Fang entfernen oder mit dem Hund „Beutestreiten" spielen.

Sollte der Welpe sich weigern, den Gegenstand freiwillig herzugeben, blasen Sie ihm kurz ins Gesicht (Achtung auf Ihre Nase!), oder Sie versuchen stattdessen den Tausch gegen ein Leckerli. Aber Vorsicht: Sie sollten diese Methode nur so lange anwenden, bis er das Röllchen leicht her-

Erst wird der Welpe auf das Spielzeug neugierig gemacht, dann wird es geworfen.

Damit der Welpe nicht mit seiner Beute abhauen kann, bleibt er immer an der Leine.

Kurz ins Gesicht pusten hilft, wenn der Welpe sein Spielzeug nicht freiwillig hergeben will.

gibt, denn sonst wird der Welpe Ihnen das Röllchen sehr bald vor die Füße schmeißen und auf das Futter warten. Sollte dies bereits der Fall sein, müssen Sie den Hund so lange auffordern, bis er Ihnen das Spielzeug in die Hand legt, anschließend mit Leckerli belohnen. So lernt er sehr schnell, dass es die Belohnung erst nach Abgabe der Beute gibt. Immer wieder abwechselnd mit dem Hund „Beutestreiten" oder Leckerli als Belohnung geben.

Das Kommando „Aus" wendet man erst dann an, wenn der Welpe seine Beute ohne Widerstand hergibt. Wenn nötig, gehen Sie folgendermaßen vor: Mit dem Daumen und Zeige oder Mittelfinger im hintersten Bereich den Fang öffnen. Im Moment des Öffnens geben Sie das Kommando „Aus", anschließend loben.

Vorsicht – Eine große Fehlverknüpfung könnte entstehen, wenn Sie an der Beute ziehen und gleichzeitig das Kommando „Aus" geben, während der Welpe noch ganz verbissen versucht, seine Beute zu behalten, denn dann würde dieses Wort für den Hund bedeuten: lass bloß nicht los!

Wichtig ist tägliches Spieltraining, um eine gute Vertrauens-Basis zwischen Hund und Führer aufzubauen. Ist diese gute Basis geschaffen, lassen Sie den Welpen warten (ich bevorzuge anfänglich Position: „Sitz"), bevor er sein Spielzeug erhält, indem Sie ihn an der Leine zurückhalten. Der sehr temperamentvolle Welpe muss so lange verharren (warten), bis er entspannt und locker sitzt (kein nervöses Zittern, kein Bellen, der Hundekörper darf nicht angespannt sein), während der zu ruhige Typ hingegen gleich nachlaufen darf und soll. Erst bei gesteigertem Spieltrieb wird mit ihm so verfahren wie beim temperamentvollen Welpen eben beschrieben. Diese Übung dient zur besseren Kontrolle des Spiel- und Beutetriebes, und der Hund begreift sehr schnell, dass der Spielgegenstand dem Hundeführer gehört und er ihn nur für besondere Verdienste erhält.

GEHORSAM SPIELERISCH ERLERNEN

Um einem Welpen die Grundübungen beizubringen, bedarf es nicht großen Aufwandes. Sie brauchen nur ein paar Leckerli (normales Welpenfutter, um das Verdauungssystem nicht durcheinander zu bringen) sowie Geduld und Verständnis. Die einfachste Methode ist, abzuwarten, bis der Welpe von sich aus tut, was man ihm beibringen möchte. Wenn er sich hinsetzt, sagt man das Kommando „Sitz", lobt und belohnt ihn sofort, und geht bei „Platz" und „Steh" genau gleich vor. Diese Art der Positions-Grundausbildung dauert natürlich um einiges länger, weil der Welpe das Kommando nicht gleich mit der jeweiligen Handlung verknüpfen kann.

Ich bevorzuge daher die folgende Grundausbildung:

GRUNDÜBUNG FÜR „SITZ"

Der angeleinte Welpe steht vor Ihnen, die Leine befindet sich in Ihrer rechten Hand, und Sie nehmen sie ganz kurz, nur etwa 20 Zentimeter vom Halsband, unterhalb des Hundefanges entfernt. Gleichzeitig halten Sie dem Welpen mit Ihrer linken Hand das

Durch die kurze Leine kann der Hund nicht rückwärts gehen, wenn er mit dem Kopf dem Futter folgt - er setzt sich automatisch.

Leckerli direkt vor die Nase und führen diese Futterhand langsam über den Hundekopf nach hinten (wichtig ist, dass sich der Hund auf das Futter konzentriert, notfalls noch einmal vor die Nase platzieren).

Des Hundes Tendenz zum Rückwärtsgehen wird durch die kurze Leine verhindert, ihm bleibt nur übrig, mit der Schnauze dem Futter zu folgen, er wird dadurch quasi zum Hinsetzen genötigt. Sofort das Kommando „Sitz" gebrauchen, gleichzeitig mit dem Motivationsfutterstück belohnen. Vergessen Sie nicht, Ihren Hund zusätzlich verbal zu loben. In fortgeschrittenem Ausbildungsstadium werden die Futtergaben natürlich reduziert, daher ist es vorteilhaft, das stimmliche Lob zu forcieren. Wie schnell oder stark die Futter-Belohnungen reduziert werden können, ist von Hund zu Hund verschieden. Der eine Hund liebt die Arbeit und kann gar nicht genug bekommen, der andere hingegen macht es, weil man es von ihm verlangt. Manchmal ist es das Beste, sich auf sein Gefühl zu verlassen.

Fehler, die passieren können

Falsches Sitzen – Achten Sie darauf, dass der Welpe sich ordentlich – das heißt auf das Hinterteil und nicht auf einen Fuß setzt oder sogar nur hockt. Er „denkt" sonst, es

Die Nase ist am Futter auf dem Boden, ein sanfter schiebender Druck aufs Schulterblatt löst Hinlegen aus.

wäre so richtig, denn wenn Sie ihn bestätigen während er falsch sitzt, haben Sie ihn möglicherweise dafür bestätigt.

Was tun, wenn es bereits passiert ist?

Beobachten Sie, in welche Richtung er sich setzt. Anschließend stellen Sie Ihren Fuß auf die Hundeseite, auf welche das Hinterteil tendiert, um ihn daran zu hindern, sich wieder falsch hinzusetzen. Sitzt er optimal, sofort loben!!

Welpe schaut beim Hinsetzen nach unten – Sie haben ihn möglicherweise immer von unten belohnt, was aber nur für das Kommando „Platz" gilt. Sonst gibt es das Futter nur von oben oder seitlich, jedenfalls kombiniert mit Sichtkontakt zum Hundeführer.

Der Welpe springt nach dem Futter – das Futter wurde zu hoch über seinen Kopf gehalten.

Grundübung für „Platz"

Halten Sie ein Stück Welpenfutter zwischen den Fingern der rechten Hand, und zwar so, dass der Welpe es sehen, aber nicht fressen kann. Halten Sie ihm das Leckerli vor die Nase und führen dieses langsam zwischen seine Vorderbeine. Der Welpe wird seinen Kopf nach unten neigen, um an das Futter zu gelangen. Sie legen nun Ihre linke Hand in den Bereich der Schulterblätter und schieben den Hund mit sanften Druck nach hinten-unten, bis er in Platzposition ist. Durch die Futterhandführung bedingt wird sich der Hund bereitwillig niederlegen. In diesem Moment erfolgt das Kommando „Platz" und die Finger mit dem Futter öffnen sich:

„Braver Hund!" Zufrieden liegt der Welpe am Boden und frisst sein Leckerli.

Andere „Platz"-Variante – Der Welpe steht vor Ihnen, Sie nehmen eine Vorderpfote auf, so dass Sie quasi einen rechten Winkel zu seinem Schulterblatt bildet, und schieben den Kleinen mit der anderen Hand (im Schulterblattbereich) sanft nach hinten (wichtig für die Distanzkontrolle bei der Obediencearbeit; der Hund darf nämlich beim Stellungswechsel (zum Beispiel von „Sitz" auf „Platz") weder vor- noch rückwärts rücken). Liegt der Hund, loben und Leckerli, fertig ist das Kunststück.

Grundübung für „Steh"

Eine einfache Übung, wenn man diese den Welpen sehr früh kennen lernen lässt. Sie brauchen nur die Hand unter den Bauch des Hundes schieben, um ihm von der sitzenden in die stehende Position zu helfen. Kommando und Lob nicht vergessen! Beim (normal veranlagten) erwachsenen Hund den Fuß des Hundeführers sanft wie eine helfende Hand als Unterstützung zum Aufstehen einsetzen (ist auch als deutliches Sichtzeichen bei größerer Distanz – Fuß nach vorne strecken – erkennbar).

Bei einem unsicheren Hund ist es zielführender, die Hand, unter den Bauch gehalten, als „Aufstehhilfe" zu verwenden. Gewöhnt daran wird der Hund in Form von Streicheln und Massage des Bauches im Zuge einer Futtergabe.

Komm her

Der Welpe folgt in den ersten Lebenswochen seinem Rudelführer ohnehin, um nicht verloren zu gehen. Das ist die beste Zeit, den Welpen frei laufen zu lassen – aber natürlich nicht in der Stadt oder neben der Straße, wo er erschreckt und in Panik versetzt werden könnte. Lassen Sie den Welpen frei laufen, dann gehen Sie in die Hocke und rufen ihn – nach einiger Zeit mit seinem Namen, eventuell auch mit einem Pfiff kombiniert. Aber rufen Sie nur, wenn Sie sicher sind, dass er zu Ihnen kommen wird (also durch nichts abgelenkt ist). Bestätigen Sie sein Kommen mit einem Stück Futter und Lob oder kurzem Spiel. Anschließend darf er wieder laufen. Das Ganze wiederholen Sie mehrmals hintereinander, ohne es zu schematisieren. Machen Sie nie den Fehler, den Hund beim ersten Kommen gleich wieder anzuleinen, er wird sonst bald nicht mehr herbeikommen wollen, nach dem Motto: wozu kommen, ich werde ohnehin wieder angeleint. Besser ist es, für das Anleinen ein extra Kommando zu verwenden, zum Beispiel „Anziehen, anleinen" oder Ähnliches und ihn anschließend genauso toll zu loben. Kommt der Hund unter diesen Bedingungen sicher, ist es auch möglich, den leicht abgelenkten Hund zu sich zu rufen. Ein richtig motivierter Hund ist auch imstande, sich aus einem Rudel spielender Hunde abrufen zu lassen.

Wird einem sitzenden Hund eine Hand unter den Bauch geschoben, steht er meist automatisch auf.

Fehlverhalten und Lösungsbeispiele

Hund bellt grundlos

Durch Benützung (Ziel ist der Hundekopf) einer mit Wasser gefüllten Blumenspritze in Reichweite ist eine hohe Erfolgsquote zu erreichen. Noch höhere Effizienz lässt leichtes Zitronenwasser erwarten, ein weiteres Erfolg versprechendes Mittel wäre eine mit Steinen halb gefüllt Dose (Öffnung mit Isolierband verkleben). Diese kann als Wurfgeschoss neben den Hund verwendet werden. Die offensichtliche Präsenz dieser beiden Korrekturhilfen wird im Allgemeinen ausreichen, den Hund von jedweder unerwünschten Tätigkeit abzuhalten.

Auf kurze Distanz bringt ein gezielter Schuss Wasser jeden Beller zum Schweigen.

Hund kommt nur zögernd

Rufen Sie ihn und laufen gleichzeitig unter Anwendung von Locklauten weg – niemals nachlaufen! Ihr Hund würde das als Aufforderung zum Spiel betrachten, noch dazu ist er sowieso schneller.

Hund ist nicht im Gehorsam bei Kontakt mit Menschen oder Hunden

Resultiert aus dem Versäumnis des Hundeführers, den Welpen warten zu lassen. Er durfte bei jeder Gelegenheit ohne „Frei"-Kommando zu anderen Hunden laufen.

Beispiel aus der üblichen Praxis: Man ist unterwegs zu einer Hundewiese oder Hundeschule. Der Hund wird gleich abgeleint, damit er spielen kann. Er muss weder auf die Spielerlaubnis warten noch darauf, dass er „Frei" laufen darf. Der Hund gewöhnt sich daran, zu jedem laufen zu dürfen, egal, ob mit ihm gerade Gehorsam trainiert oder gespielt wird, er befindet sich jedenfalls nicht mehr im Einflussbereich seines Besitzers.

Lieber Hundeführer, seien Sie doch ehrlich, Sie waren es doch, der ihm das unbewusst beigebracht hat. Sie haben es sicher nur gut gemeint und wollten das Beste für Ihren Hund, denn Sozialisierung bedeutet zwar Zusammenleben mit Gleichartigen, jedoch gleichzeitig Respekt und Zuneigung zum Rudelführer, und das sind Sie!

Richtig wäre, sich die Glaubwürdigkeit als Rudelführer durch eine Hemmübung an der Leine zu verschaffen („Sitz", „Platz" oder „Steh"), dann ableinen, jedoch den Hund noch am Halsband halten, damit er nicht gleich losstürmen kann, er muss warten, bis er sich entspannt hat, dann erst darf der Welpe auf das Kommando „Frei" endlich laufen. Die Belohnung dafür ist das Spiel mit anderen Hunden.

DER ERSTE GRUNDBEGRIFF FÜR DAS FUSSGEHEN

Wichtig ist, dass der Welpe mit dem Begriff „Sitz" schon etwas anfangen kann. Sie gehen folgendermaßen vor: Als erster Schritt wird der angeleinte Welpe aus dem Spiel an die gewünschte Fußseite geführt, das heißt, Sie halten kniend gleichzeitig mit der Leine (etwa 20 Zentimeter vom Halsband entfernt) in der linken Hand das Spielzeug oder Futter und führen den Hund mit dieser Hand quasi hinter dem Motiviergegenstand nach, er wird gar nicht bemerken, dass er dadurch gelenkt wird. Sobald der Hund in der Fußposition ist, also parallel zum Fuß des Hundeführers, wechseln Sie Leine und Belohnung in die rechte Hand – somit haben Sie die linke Hand zur Korrektur frei.

Durch die Belohnung vor seiner Nase wird der Welpe gelenkt und merkt es nicht mal.

Sie bleiben mit der Belohnung knapp vor der Hundenase und bewegen sie über den Kopf langsam nach hinten (siehe Grundübung „sitz"). Mit der linken Hand können Sie, wenn nötig, durch sanftes Drücken des Hinterteils eine korrekte, parallele Grundstellung erreichen und ein Ausweichen verhindern. Das Sitzen wird durch den Blick auf das Spielzeug oder Futter wahrscheinlich von selbst gelingen, das Berühren des Hinterteils ist eigentlich nur eine zusätzliche Bestätigung für das Sitzkommando.

Folgeübung: Sitzt der Welpe in optimaler Stellung, halten Sie den Motivationsgegenstand links seitlich so, dass der Hund ihn zwar sehen, aber nicht erreichen kann, und animieren dadurch den Welpen, zu Ihnen aufzuschauen – sofortige Bestätigung mit Spiel oder Futtergabe ist obligat.

Weitere Folgeübung: Ein verbales Kommando für den Bewegungsablauf zu einer optimalen Grundstellung wie „Schließ" oder „Close" verwenden.

KUSCHELVARIANTE MIT LERNZIEL BLICKKONTAKT

Sie befinden sich in kniender Position und der Welpe sitzt ganz eng links neben Ihnen. Sie halten den Kopf des Welpen in die gewünschte Richtung, wie an-

WELPENSPIELTRAINING

Liebevolles Streicheln nimmt dem Welpen jede Hemmung vor dem Blickkontakt.

WARTEN

Das Warten ist eine der wichtigsten Übungen, wenn man bedenkt, wie oft der Hund in seinem Leben zu warten hat. Zusätzlich klärt es auf einfache Weise die Rangordnung zwischen Ihnen und Ihrem Hund.

Bereits der Welpe sollte „Warten" lernen *bevor er angeleint wird.*

Bei manchen Welpen ist das Anleinen sehr zeitaufwendig. Sie schlängeln und rollen sich herum, einige laufen sogar davon.

Voraussetzung:
1. Ein weiches Lederhalsband permanent am Hund belassen.
2. Ein Halsband mit Klickverschluss, welches man später durch ein Lederhalsband ersetzen sollte.

Sie gehen mit der Leine zur Eingangstüre. Neugierig kommt der Welpe hinterher, denn dadurch weiß er, dass Sie mit ihm hinausgehen wollen, er wird sich problemlos anleinen lassen.

Den Hund, der bereits Weglaufen gelernt hat, locken Sie kniend mit Welpenfutter in der Hand zu sich. Während er frisst, streicheln Sie ihn, greifen nach dem Halsband und hängen ihn an. Sagen Sie einfach die Worte „Anziehen", „Anhängen" oder dergleichen als Kommando. Dasselbe gilt auch für den sich drehenden oder rollenden Hund. Sollte er jedoch sein Verhalten nicht ändern, sogar das Futter verweigern, dann gibt es nur eines – Geduld. Der Hundebesitzer wartet *gleichmütig,* bis der Hund begriffen hat: Hinausgehen gibt es nur, wenn das gewünschte Verhalten gezeigt wird (kann anfänglich zeitaufwen-

schließend beschrieben: Der Daumen der rechten Hand wird an der linken Kopfseite des Hundes (ungefähr Fangmitte) gefühlvoll platziert, die restlichen Fingerspitzen untergreifen von hinten das Halsband. Der Hund wird dadurch zum Hinaufschauen animiert. Die linke Hand streichelt gleichzeitig den Kopf, der vorhin erwähnte Daumen dient dazu, die Kopfposition zu halten. Passendes Kommando wählen wie „Schau". Sobald Blickkontakt hergestellt ist, ins Kuscheln mit intensivem Körperkontakt übergehen, jedoch ohne Stellungswechsel von Hund und Hundeführer.

dig sein. Wichtig ist Konsequenz). Lassen Sie Ihren Welpen auch (zum Beispiel mit Kommando „Sitz") warten, bevor er abgeleint wird, Sie halten ihn jedoch anfangs zusätzlich am Halsband fest, damit er nicht ohne „Frei"-Kommando laufen kann. Der Hund wird schnell verknüpfen und brav auf sein „Frei" warten, danach können Sie die Wartephase ausdehnen, indem Sie in verschiedene Richtungen und auf Distanzen vom Hund wegtreten, dann erst darf er auf Kommando frei laufen (gilt auch für die anderen Positionen).

... bevor er zur Tür hinein- oder hinausgeht

Der Rudelführer bestimmt, wer der Erste beim Betreten (vorteilhaft zum Beispiel bei Schlechtwetter, weil dadurch der Hund lernt zu warten, um sich die Pfoten reinigen zu lassen) oder Verlassen eines Raumes ist (die Hauseingangstüre könnte nicht geschlossen sein und der Hund hätte die Möglichkeit, unkontrolliert auf die Straße zu laufen).

... bevor er ins oder aus dem Auto darf

Zum Einsteigen lohnt sich die Mühe des Wartens, um den Hund eventuell vorher säubern zu können. Warten beim Aussteigen hat den Vorteil, dass der Hund nicht unkontrolliert auf die Straße springt, möglicherweise sogar einen Passanten überschwenglich begrüßt.

... bevor er mit Artgenossen spielen darf

Um als Rudelführer glaubwürdig zu sein, bestimmen Sie, wann und wie lange Ihr Hund mit anderen Hunden spielt. Er sollte

Immer und überall bestimmt der Rudelführer, wer der Erste ist. Diese Dominanzgeste sorgt gleichzeitig für die Sicherheit des Hundes.

vor der Spieltätigkeit eine kurze Hemmübung, zum Beispiel „Sitzen", absolvieren. Sobald er sich in entspannter Haltung befindet, erhält er das „Frei" Kommando und darf laufen, um zu spielen.

... bevor er sein Futter fressen darf

Der Hund wartet angeleint (damit er nicht vorzeitig zur Schüssel gelangt) und mit dem Kommando: „Bleib, Warte" auf sein Futter. Seine Position ist dabei egal, aber er sollte die gewählte beibehalten. Sie stellen die Futterschüssel in zwei bis drei Meter Entfernung, begeben sich nachher ganz eng an des Hundes rechte Seite, suchen den Blickkontakt und schicken erst dann Ihren Hund mit einem Kommando Ihrer Wahl zum Futter. Sollte der Hund nur zum Futter schauen, dann nehmen Sie bestimmend seinen Kopf und legen diesen auf Ihren linken Oberschenkel und zwingen ihn zum Blickkontakt.

Jeglicher Frühstart ist zu unterbinden (deshalb die Leine). Der Hund verknüpft hierbei die Grundstellung und das Warten sehr positiv. In einigen Tagen oder Wochen (je nach Lernfähigkeit) verkürzen Sie schrittweise die Distanz zur Futterschüssel, bis Sie schließlich direkt vorm Hund steht. Gefressen wird aber erst nach dem Kommando. Natürlich soll auch die Wartezeit variiert werden (ist bei dominanten Hunden besonders wichtig). Im Unterbewusstsein denken Sie vielleicht, das ist Tierquälerei, jedoch bestimmt auch im Wolfsrudel der Leitwolf als Rudelführer die Wartezeit, ob für den Rangniedrigeren etwas übrig bleibt, im Familienverband sollten Sie (und auch alle erwachsenen Familienmitglieder) diese Stellung einnehmen.

Auf diese Art und Weise kann schon der Welpe lernen, nicht alles wahllos vom Boden aufzufressen. Außerdem ist es die ideale Möglichkeit, ein schwieriges Training mit der vollen Futterschüssel zu belohnen.

Hund verweigert seine Mahlzeit

Mein Rat: Lassen Sie bewusst eine Mahlzeit aus, spielen Sie aber vermehrt oder gehen Sie mit Ihrem Hund mehr als üblich spazieren. Zusätzlich erhält er in den nächsten zwei Tagen nur die halbe Portion Futter. Vermutlich wird der Hund spätestens am dritten Tag ganz normal fressen, er verhungert sicher nicht gleich. Wichtig ist genügend Wasser, aber achten Sie darauf, dass er sich nicht damit „vollfrisst".

Ihr Hund ist nämlich sehr clever, und je mehr Futtersorten Sie ihm anbieten, umso verwöhnter wird er reagieren, bis er nur mehr das frisst was ihm schmeckt (Ausnahme – beim Training – weiches, leicht zu schluckendes Leckerli). Besser ist allerdings, bereits im Welpenalter angepasstes Trockenfutter anzubieten.

UNERWÜNSCHTES

Unerwünschte Eigenschaften

Hund stiehlt aus dem Mülleimer

Sehr hilfreich zur Abgewöhnung dieser Unart ist eine Mausefalle. Keine Angst, ich habe noch nie gehört, dass ein Hund sich verletzt hätte.
Jedenfalls ist ein kurzer Schmerz, den der Hund nicht mit Ihrer Person verknüpfen kann, weit harmloser als eine möglicherweise nötige Operation oder gar der Tod Ihres Hundes, weil er sich Röhrenknochen, Aluminiumfolie oder dergleichen gefährliche Materialien aus dem Mülleimer gefischt hat. Die Erfahrung mit meinen Hunden zeigt, dass es ratsam ist, eine zweite Mausefalle etwas tiefer einzulegen, denn kluge Hunde lernen sehr schnell, dass nach dem ersten „Peng" der Zugriff zur „Futterquelle" wieder frei ist.

Hund stiehlt vom Tisch

Auch hier bewährt sich die Mausefalle. Ein weiteres erprobtes Gegenmittel wäre ein doppelseitig klebendes Band im Bereich der Tischkante, woran der Hund kurzfristig kleben bleibt, was er sicherlich als unangenehm empfindet.

Hund springt Hundeführer ständig an

Verwenden Sie eine Blumenspritze, kleine Spielzeugspritzpistole oder Ähnliches. Sobald er an Ihnen hochspringt, spritzen Sie ihm ins Gesicht und sagen „Nein"! Wichtig ist eine spontane und für den Hund völlig überraschende Reaktion. Die-

UNERWÜNSCHTES

Einen Hund am Genick packen und ihn „totschütteln" ist als Tadel entschieden zu viel, ihn auf den Rücken legen ist angebrachter.

se Methode ist sehr effizient, üblicherweise genügt dann allein die Präsenz der Spritze.

Hund springt hoch und schnappt dabei

Meistens wird die Wasserspritze auch hier den Zweck erfüllen.

Ein hochwirksames Mittel gegen das Schnappen ist es jedoch, den Jackenbeziehungsweise Pulloverärmel innen mit Holzlatten zu versehen, damit sind Sie gut geschützt und gleichzeitig nehmen Sie damit dem Hund das Vergnügen, in Ihren Arm zu beißen. Er wird sich zukünftig solche unangenehmen Aktionen gut überlegen.

Wie tadle ich meinen Hund richtig?

Strafen Sie niemals Ihren Hund, indem Sie ihn am Genick schütteln. Er kann im Welpenalter zwar verstehen, dass Sie ihn am Genick halten, aber ein artgemäßes „Totschütteln" ist in dieser Situation absolut nicht angebracht. Besser wäre ein kurzer bestimmender Laut wie „Ääh", ein bestimmendes „Nein" mit gleichzeitigem Griff über den Fang, oder legen Sie ihn auf den Rücken. Der Hund darf diese Position erst dann verlassen, wenn er völlig entspannt liegt (dies wird er auch bestens verstehen). Bei sehr selbstbewussten Hunden ist zu erwarten, dass der Entspannungszeitpunkt möglicherweise erst nach 15 Minuten eintritt. Geduld und Konsequenz führen auch hier zum Ziel.

Flyball

Flyball wurde Ende der siebziger Jahre in Kalifornien erfunden und ist für jeden spielfreudigen Hund geeignet, sofern er gesund ist. Was ist Flyball? Übersetzt heißt es „Fliegender Ball", und um den geht es. Der Hund läuft selbstständig eine Strecke vom Startpunkt zu einer Ballwurfmaschine, springt unterwegs über vier Hürden, löst mit Pfotendruck das Herausschleudern des Balles aus, fängt den Ball, läuft zum Ausgangspunkt zurück und springt dabei wieder über die vier Hürden.

Flyball wird als Mannschaftswettbewerb durchgeführt und somit besteht ein Team aus mindestens vier Personen mit Hund. Der zweite Hund darf erst starten, wenn der erste mit dem Ball die Start-und Ziellinie überquert hat. Bei Wettkämpfen laufen, springen und fangen die Hunde von zwei Teams um die Wette mit nur wenigen Metern Abstand voneinander.

Die Höhe der Hindernisse richtet sich nach dem kleinsten Hund, das heißt 20 Zentimeter, und 40 Zentimeter für die großen Hunde. Die Hürden werden im Abstand von drei Metern hintereinander aufgestellt.

Der Ballwurf wird, wie gesagt, von einem Mechanismus ausgelöst, den der Hund aktiviert, wenn er mit einer Pfote auf die Trittfläche drückt.

Für die Grundausbildung wird eine Hilfsperson gebraucht, die mit dem Ball hinter der Wurfmaschine steht. Ihr angeleinter Hund befindet sich unmittelbar vor der Tritt-(Auslöser-)fläche der Box. Sie animieren Ihren Hund dazu, die Auslöserfläche mit den Vorderpfoten zu treten (notfalls hochheben und mit Ihrer Hilfe draufstellen), gleichzeitig erhält er ein Kommando wie „Steig", „Tritt", „Drück", „Touch". Berührt der Hund die Fläche, wirft die Hilfsperson den Ball so zum Hund, dass er ihn leicht fangen kann. Wiederholen Sie diese Übung so oft, bis der Hund selbstständig durch Berühren der Trittfläche den Mechanismus auslöst. Er wird sehr schnell begreifen, dass er selbst die Handlung bestimmt. Ist dieser Teil der Übung gefestigt, laufen Sie mit dem wie-

FLYBALL

Der Hund wird ermuntert, mit der Pfote auf den Auslöser zu treten.

Tut er das, wird ihm der Ball von Hand entgegengeworfen.

Ziemlich schnell wird der Hund begreifen, wie die Maschine funktioniert, und sie alleine auslösen.

derum angeleinten Hund einige Schritte bis zur Flyballmaschine. Wenn er richtig verknüpft hat, wird er sofort die Trittfläche berühren. Mit dem erlernten Kommando können Sie ihn zusätzlich ermuntern. Die Belohnung erfolgt postwendend durch die Maschine, wenn er den Ballwurf-Mechanismus auslöst.

Nach einigen Trainingseinheiten wird die Leine nicht mehr nötig sein, und die erste Hürde kann hinzugefügt werden. Für unsichere Hunde wäre es vorteilhafter, sich zwischen Wurfmaschine und Hürde zu platzieren.

Motivieren Sie den Hund mit seinem Namen, über die Hürde zu springen, und laufen Sie gemeinsam mit dem Hund zur Flyballmaschine, damit er auch sicher den Mechanismus auslöst. Läuft der abgeleinte Hund sicher, werden die Hürden auf die volle Anzahl ergänzt.

Agility

Agility ist eine sehr schöne Hundesportart, die Hund und Führer geistig und auch körperlich fordert. An der stetig steigenden Teilnehmerzahl bei Wettbewerben erkennt man die Tendenz zur gemeinsamen Arbeit mit dem Hund, was dem positiven Erscheinungsbild des Hundes in der Gesellschaft sehr förderlich ist.

Leider kommt es auch vor, dass Hundeführer mit übertriebenem Ehrgeiz ihre Hunde ohne Pause mehr als 20 Minuten über einen Parcours hetzen, der noch dazu durch höher gestellte Hürdenstangen erschwert wird, ohne Rücksichtnahme auf des Hundes Gesundheit und Leistungsfähigkeit.

Ein vernünftiges Maß an Trainingseinheiten wird daher dem Hund wesentlich mehr Spaß vermitteln. Für Agility eignet sich prinzipiell jeder gesunde Hund – mit der Einschränkung ungeeigneten Körperbaues. Allerdings ist nicht jeder zum Sieger geboren, deshalb sollte der gemeinsame Spaß Vorrang haben!

WICHTIGE VORAUSSETZUNGEN

Es ist sehr viel einfacher, einem gut erzogenen Hund die Agility-Hindernisse beizubringen, als einen jungen Hund damit zu überfordern. Je mehr Geduld Sie während der Grundausbildung aufbringen, umso mehr Erfolg werden Sie später ernten. Das optimale Hundealter für den Trainingsbeginn ist ab einem Jahr, erst ab diesem Zeitpunkt ist er körperlich und geistig reif.

Soll der Hund die Hindernisse korrekt beherrschen, sind die Grundbegriffe des Gehorsams unbedingt nötig, sie erleichtern den Lernprozess und die spätere Führigkeit Ihres Hundes.

Dieses Buch bietet Ihnen eine Menge Anregungen zur leicht verständlichen Grundschulung Ihres Welpen.

HÜRDEN

Ein Parcours besteht zu mehr als 75 Prozent aus Hürden. Daher ist es wichtig, dass der Hund gleich das richtige Springen lernt.

Sie beginnen mit einer Höhe von 15 bis 30 Zentimeter, je nach Hundegröße, keinesfalls soll der Hund die Stange unterlaufen können. Setzen Sie Ihren angeleinten Hund bis maximal 75 Zentimeter entfernt hinter der Hürde ab und geben ihm den Befehl zu warten. Anschließend gehen Sie auf die andere Seite der Hürde (ohne die Stange zu übersteigen) und achten darauf, dass Sie mit der Leine nicht hängen bleiben. Bevor Sie Ihren Hund rufen, geben Sie ihm noch einmal das Wartekommando. Mit lockender Stimme rufen Sie ihn dann mit Namen und „Komm" zu sich. Setzt der Hund zum Sprung an, ist es ratsam, selbst zurückzugehen, um ihm genügend Platz für den Aufsprung zu lassen und das Vorsitzen (auf Kommando) zu ermöglichen. Loben nicht vergessen!

Wiederholen Sie diese Übung genügend oft. Der Hund sollte von Beginn an gewöhnt sein, dass Sie ihn rechts und links führen, das heißt: Sie gehen bei jedem Hindernistraining, wenn sich der Hund in Warteposition befindet, einmal von links und einmal rechts von ihm weg.

Erst dann, wenn der Hund den Sprung richtig ausführt, erhält er auch ein Kommando dafür, und ebenso kann die Leine abgenommen werden.

PROBLEM – „HÜRDENSTANGEN SCHMEISSEN"

Oft fragt man mich um Rat, wie man den Hund daran hindert, Stangen abzuwerfen. Dieses Problem scheint unlösbar, ist es aber nicht. Dazu einige mögliche Ursachen:

Springen Sie zum Lernen nicht vor oder gemeinsam mit dem Hund über Hürden - sonst erwartet er es immer.

Der Hund hat ein körperliches Problem:
Lassen Sie Ihren Hund vorsitzen, kontrollieren Sie von oben, ob seine Wirbelsäule gerade verläuft und er in der Sitzposition die Hinterläufe von sich aus gerade ausrichtet. Trifft das nicht zu, würde ich einen Besuch beim Tierarzt empfehlen, er soll entscheiden, ob Agility möglich ist.

Falsche Sprungtechnik:
Während der Grundausbildung war es nicht wichtig, dass der Hund die Hürden richtig springt, sondern er lernte nur schnelles, schlampiges Springen, ohne je eine Chance zu erhalten, die optimale Sprungtechnik anzuwenden. Die gerne geäußerte Meinung, dass der Hund bereits springen könne (Gartenzaun, Eimer, Couch oder anderes), lässt vermuten, dass die Hundebesitzer keine Ahnung davon haben, dass ein Sprung auf Befehl nicht dasselbe bedeutet wie ein Sprung als Mittel zum Zweck.

Stangen auf dem Boden helfen dem Hund, den optimalen Punkt für Absprung und Landung zu finden.

Falsches Timing:
Manche Hunde warten auf ein Kommando, um den Sprung einzuleiten. Ist der Hundeführer nicht in der Lage, dieses Kommando zum optimalen Zeitpunkt zu geben, wird der Hund entweder zu früh oder zu spät abspringen und die Stange abwerfen. Die bessere Methode wäre, Ihren Hund den Sprung selbstständig ausführen zu lassen.

Die entscheidenden Hundertstelsekunden holt ein Sieger sowieso am Boden und nicht in der Luft, deshalb ist ein relativ enger Sprungradius vorzuziehen.

Der Hund springt zu spät ab:
Mit der Vorderpfote wird meistens die Stange zu Boden geworfen.

Der Hund landet zu weit weg von der Hürde:
Er wird die nächste Stange schmeißen.

Tipps zur Fehlerkorrektur

Wirft ein Hund Stangen ab, ist es wesentlich, herauszufinden, ob er dies regelmäßig oder zufällig macht. Um den

Absprung- beziehungsweise Landepunkt feststellen zu können, müssen Sie, seitlich der Hürde stehend, den Hund während einiger Sprünge beobachten.

Wenn Ihnen auffällt, dass der Hund zu früh abspringt, biete ich Ihnen folgenden Lösungsvorschlag an:

Legen Sie eine Hürdenstange 1,5 Meter vor einer Hürde auf den Boden und ermuntern Sie Ihren Hund, (ohne Sprungkommando!) die Hürde zu überspringen. Vermutlich wird der Hund zu früh abspringen und die Stange der dahinter befindlichen Hürde abwerfen. Daraufhin reduzieren Sie den Abstand der am Boden befindlichen Stange auf einen Meter zur Hürde. Der Hund wird, bedingt durch den vorher erfolgten Abwurf, diesmal versuchen, den Absprungpunkt näher bei der Hürde zu wählen (deshalb die vorher erwähnte Reduktion auf einen Meter).

Um den Hund auf den richtigen Absprungpunkt zu konditionieren, ist es wichtig, dass die Stange bei jedem Training im gleichen Abstand am Boden liegt, bis er es automatisiert hat. Ich empfehle aber, sie immer wieder zur Auffrischung einzusetzen.

Springt der Hund zu knapp hinter der Hürde auf und kann sich daher den nächsten Sprung nicht perfekt einteilen, ist es ratsam, eine Stange hinter die Hürde zu legen. Sie sollten jedoch den Landepunkt Ihres Hundes kennen, um die Möglichkeit auszuschließen, dass er zwischen Bodenstange und Hürde springt. Üblicherweise empfiehlt sich eine Distanz von 50 bis 100 Zentimetern. Ein kluger Hund wird die unangenehme Berührung der Stange am Boden meiden und versuchen, den Landepunkt hinauszuzögern.

Manchmal ist es auch nötig, vor und nach der Hürde Stangen zu verwenden, um den richtigen Absprung- und Landepunkt des Hundes zu erhalten.

Sprungtechnische Fortschritte Ihres Hundes stellen Sie fest, indem Sie drei Hürden im Abstand von fünf Metern mit den (je nach Problem) benötigten Bodenstangen verwenden. Sie schicken den Hund über diese Hürdenformation, durch gleichzeitiges Mitlaufen animieren Sie Ihren Hund, Tempo zu machen. Durch seine neue Sprungtechnik ist zu erwarten, dass er die Hürden wesentlich schneller als sonst absolviert.

Erfahrungsgemäß ist es leider nicht möglich, bereits bestehende Ausbildungsfehler innerhalb einer Trainingseinheit auszugleichen. Sie benötigen Geduld, möglicherweise sogar einige Wochen. Trainingshürden müssen immer mit einer Bodenstange kombiniert werden. Zeigt der Hund keine Abwurftendenz, kann allmählich eine Bodenstange entfernt werden, um zu erkennen, ob der Hund seine neue Sprungtechnik auch anwendet.

Zusätzlich empfehle ich, das gewohnte Sprungkommando gegen ein anderes auszutauschen, wenden Sie es jedoch in entsprechender Entfernung an, so dass sich der Hund den Sprung selbstständig einteilen kann, oder lassen Sie es ganz weg.

Unterschätzen Sie das Problem der fehlenden Sprungtechnik keinesfalls, im Gegenteil, durch Unterstützung eines versierten Trainers kann der Übungsablauf zusätzlich optimiert werden.

Der Reifen

Die Grundausbildung läuft wie bei der Hürde, allerdings setzen Sie den Hund vor den Reifen und und legen die Leine durch die Reifenöffnung, ehe Sie sich auf die gegenüberliegende Seite des Reifens begeben.

Hat der Hund richtig verknüpft, dass er durch den Reifen springen soll, kann die Leine weggelassen werden, allerdings sollte eine zweite Person den Hund am Halsband zur Reifenöffnung führen, um ein Springen zwischen Reifen und Rahmen zu verhindern.

Der Weitsprung

Dieses Gerät kann genauso wie die Hürde trainiert werden, Sie verwenden anfänglich allerdings nur ein Element, wobei die seitlichen Stangen immer integriert sein sollten. Falls der Hund das Element betritt und nicht überspringt, legen Sie es einfach um, denn auf die schmale Seitenkante wird er nicht mehr steigen können.

Eine weitere Möglichkeit zur Sprungmotivation wäre, ein Element unter eine Hürde mit geringer Höhe zu stellen. Führt der Hund den Sprung bei einem Element aus, wird ein weiteres hinzugefügt.

> **Tipp:**
> Bedenken Sie, dass ein kurzes Kommando „Weit" für den Hund ähnlich klingen kann wie ein „Nein". Das würde erklären, dass so manch folgsamer Hund den Sprung verweigert.

Fester Tunnel

Der Trainer hält den Hund am Tunneleingang zurück, während Sie zur anderen Tunnelöffnung laufen. Kurz bevor Sie das

Es erleichtert das Training, wenn der Reifen anfangs abgesenkt wird.

Sind diese zwei Elemente selbstverständlich, kommen nach und nach die nächsten dazu.

AGILITY

Das Training beginnt mit einem zusammengeschobenen, kurzen Tunnel. Erst nach und nach wird er auf volle Länge ausgezogen.

Ende erreicht haben, rufen Sie Ihren Hund. Der Trainer führt den Hund rasch in die Öffnung und verschließt mit seinem Körper den Tunneleingang, damit der Hund nur noch einen Ausgang zur Verfügung hat. Wird der Hund in der Ausgangsöffnung sichtbar, werfen Sie sein Spielzeug oder belohnen ihn mit Leckerli.

Haben Sie keinen Trainer zur Verfügung, schieben Sie den Tunnel so weit zusammen, dass Sie das Leinenende Ihres davor liegenden (mit beiden Vorderläufen im Tunnel abgelegten) Hundes erreichen können. Indem Sie die Leine einholen, motivieren Sie Ihren Hund, zu Ihnen zu kommen. Dieses Verfahren ist auch bei Hunden, die den Tunnel nicht gleich akzeptieren, Erfolg versprechend.

DER SACKTUNNEL

Beginnen Sie erst dann mit dem Sacktunnel, wenn Ihr Hund den festen Tunnel beherrscht und den Eingang selbstständig findet.

Er wird sehr schnell die Scheu vor diesem Gerät verlieren. Das ungewohnte Geräusch (Rascheln), und das steife PVC-Material einiger Fabrikate ist die Ursache, weshalb einige Hunde den Sacktunnel meiden, obwohl sie bereits den festen Tunnel problemlos durchlaufen. Zum Sackmaterial möchte ich einige kritische Bemerkungen anbringen:

PVC-Material ist im Sommer unerträglich heiß, im Winter extrem steif (für sehr kleine Hunde ein fast undurchführbares Unterfangen).

Diverse synthetische Materialien sind für schnelle Hunde äußerst unangenehm (große Hitzeentwicklung auf dem Nasenrücken – sogar Verbrennungen sind nicht auszuschließen).

Außerdem kommt es immer wieder vor, dass verschiedene Erzeugnisse den Sicherheitsanforderungen nicht entsprechen (Eingangsbereich muss ohne Unebenheiten beschaffen sein – durch Ritzen könnte sich ein Hund an den Krallen verletzen).

Bei ängstlichen Hunden empfehle ich, das Training für dieses Gerät am Sackende (Sack eventuell bis zur Hälfte aufrollen) zu beginnen.

Kontaktzonengeräte

Um diese Geräte zu trainieren, bieten sich fünf Methoden an.

Die „Warte"-Methode
Laufsteg:
Senken Sie ihn möglichst ab, um unter anderem das Aufheben des Hundes zu erleichtern, dito die

Es hilft dem Hund, wenn er nicht gleich durch die Wand muss, sondern das Sackende anfangs aufgehoben wird.

AGILITY

So wird der Hund auf das Hindernis gehoben.

Geduldiges Warten auf der Kontaktzone wird natürlich belohnt.

A-Wand:
Um das Warten auf den Kontakt-Zonen für den Hund zu erleichtern.
Wippe
Bei diesem Gerät wird der eigentliche Aufgangsbereich als Abgangszone benützt.

Bei dieser Warte-Methode muss sich der Hund problemlos vom Hundeführer auf die Kontakt-Zone heben lassen.

Halten Sie ihn mit einer Hand am Halsband, mit der anderen Hand greifen Sie ihm unter den Bauch. Das Fassen am Halsband hat den Vorteil einer exakten Positionierung am Gerät. Beim Untergreifen des Rüdenbauches die anatomischen Gegebenheiten beachten.

Heben Sie den angeleinten Hund (ohne Abspringmöglichkeit) in Abgangsstellung auf das Ende des Kontaktzonengerätes. Sie geben ihm ein „Warte"-Kommando – die Position ist dabei nicht ausschlaggebend, wichtig ist das Einhalten der Position. Dann sollte er so lange verweilen, bis er ein „Frei"-Kommando erhält.

Ich bevorzuge, den Hund auf der Zone für das Warten zu bestätigen.

Beim Training dieser Grundübung sollte der Hundeführer natürlich abwechselnd links und rechts seitlich vom Hund stehen.

Sobald er das Warten auf beiden Seiten akzeptiert, können Sie sich einige Schritte vom Gerät entfernen und nach kurzer Zeit in die Ausgangsposition zurückkehren, um den Hund zu belohnen. Mit einem „Frei"-Kommando wird er anschließend von der Zone geführt. Diese Vorgangsweise sollte der Hund automatisieren, deshalb genügend oft wiederholen.

Nächster Schritt bei Laufsteg und A-Wand: Der Hund wird vor der Kontaktzone auf das Gerät gestellt.

Zur Unterstützung beim Aufheben von größeren Hunden ist der Tisch optimal. Er wird seitlich vom Kontaktzonengerät platziert. Der Hundeführer begibt sich mit dem Hund zusammen auf den Tisch. Von dort wird der Hund auf das Hindernis gehoben. Der Trainer hält den Hund, bis der Hundeführer in der Position ist, den Hund an der Leine zur Kontaktzone zu führen und „Warte"-Stellung einzunehmen.

Bei guter Vorarbeit wird der Hund automatisch am Ende der Kontakt-Zone anhalten (das Kommando sollte trotzdem erfolgen). Loben Sie Ihren Hund fürs Anhalten tüchtig und lassen Sie ihn mit seinem gewohnten „Frei"-Kommando laufen. Nicht vergessen: Wieder beidseitig üben! Meter für Meter arbeiten Sie sich langsam mit Ihrem Hund zurück, bis Sie beim Aufgangsbereich angelangt sind.

Dann gilt für die *A-Wand*: Die Vorderbeine im Abgangsbereich, die Hinterläufe im Aufgangsbereich über den First Richtung Kontaktzone führen.

Ausführung beim *Laufsteg*: Der Hund wird unmittelbar vor dem ebenen Mittelteil auf das Gerät gestellt und zum Ende geführt.

Methodik bei der *Wippe*: Der Hund wird kurz vor dem Kipp-Punkt abgelegt, sodann motiviert, ans Ende der Abgangszone zu kriechen. Der Hundeführer unterstützt ihn dabei, indem er den Hund an den Schulterblättern berührt und mit der anderen Hand die Motivation – Futter oder Spielzeug – benützt. Das Kriechen gibt Sicherheit und verhindert das Abspringen bei schnellen Hunden.

> **WICHTIG:**
> *Geben Sie das „Warte"-Kommando nicht vor der Kontaktzone, der Hund könnte sonst ungewollt langsamer werden; gleichermaßen unvorteilhaft ist das Kommando „Steg" für den Laufsteg – der Hund könnte es mit „Steh" verbinden. Hingegen wäre bei der Wippe ein effizientes Kommando angebracht, wogegen Laufsteg und Wand ohne weiteres gleich benannt werden könnten, zum Beispiel „Hinauf".*
> *Die Leine wird erst abgenommen, wenn sich der Hund beidseitig über die Kontaktzonengeräte führen lässt, sicher auf den Kontakt-Zonen wartet und nicht abspringt.*

DIE HALSBAND-METHODE

Der Hund sollte mit einem Leder- beziehungsweise Stoffhalsband ausgerüstet sein, welches so anliegend ist, dass ein Herausschlüpfen unmöglich gemacht wird. Außerdem benötigen Sie eine Hilfsperson oder einen Trainer.

Beide Personen greifen seitlich von hinten nach vorne unter das Halsband, fixieren dadurch den Hund und unter gleichzeitigem Zupfen am Halsband motivieren Sie ihn, ergänzt durch Leckerli oder Spielzeug, zum Absolvieren des Gerätes.

AGILITY

Je ein Trainer rechts und links führen den Hund über das ganze Hindernis.

Am Ende des Gerätes kann problemlos die „Warte"-Methode angewendet werden.

Vorteil: Ein Abspringen oder Hinunterfallen ist durch die Fixierung am Halsband nahezu unmöglich.

DIE REIFEN-METHODE

Dazu benötigt man einen Reifen, der etwas kleiner als der Hund ist. Er wird in entsprechendem Abstand, abhängig von der Größe des jeweiligen Hundes, vor der Aufgangs- und nach der Abgangszone in den Boden gesteckt, um ein Auf- beziehungsweise Abspringen zu vermeiden.

Grundausbildung an der Leine: Der Hund wird mit zusätzlicher Motivation

Motiviert durch geworfenes Spielzeug wird der Gang durch den Reifen schnell selbstverständlich.

Erst jetzt wird der Reifen unmittelbar vor dem Hindernis platziert.

durch den im Boden steckenden Reifen geführt, (unabhängig vom Kontaktzonengerät), jedoch bereits mit dem gewünschten Kommando für das Kontaktzonengerät, welches Sie für den Auf- und Abgang verwenden. Versteht der Hund die Übung, kann die Leine entfernt werden. Folgeübung: Wieder an der Leine, bereits kombiniert mit dem Kontaktzonengerät.

Vorteilhaft wäre, die A-Wand flach zu stellen. Akzeptiert der Hund die Kombination von Reifen und Kontaktzone, ist die Benützung der Leine nicht mehr nötig, allerdings sollte die Bestätigung durch Spiel(zeug) oder Leckerli forciert werden.

Die Futter-Methode

Futter wird auf eine Unterlage, zum Beispiel einem kleinen Deckel, auf die Kontakt-Zonen gelegt.

Der Nachteil: Gefräßige Hunde suchen ständig nach dem Futter, und wenn sie es nicht auf der Kontakt-Zone finden, dann auf dem gesamten Hindernis. Das Aufspringen auf die A-Wand ist mit dieser Methode fast vorprogrammiert, daher bedingt empfehlenswert.

Allerdings ist die Futter-Methode bestens geeignet für Hunde, die Angst zeigen:

Mein Spezialtrick für die Wippe – ein kleiner Brocken weiche Erde dient als vorzügliches Haftmittel für ein kleines Futterstückchen am Ende der Wippe.

Die Spielzeug-Methode

Sie dient dazu, den bereits ausgebildeten Hund zu beschleunigen, indem das Spielzeug unmittelbar nach dem Kontaktzonengerätende auf den Boden gelegt wird.

Futter am Ende der Kontaktzone ist eine gute Motivation für ängstliche Hunde.

Der Hund springt von der Kontaktzone ab

- Er hatte im Training genau auf der Zone ein Negativerlebnis (zum Beispiel eine Rüge), daher meidet er diese beim Turnier oder in der Prüfung, weil er spürt, dass der Hundeführer keine Einwirkmöglichkeit hat.
- Die Zone sollte immer die angenehmste Stelle des gesamten Gerätes sein.
- Ungeduld und zu schnelles Vorgehen beim Training.
- Der Hund wurde zum falschen Zeitpunkt bestätigt.
- Es wurde die falsche Methode ausgesucht.

Überlegen Sie sorgfältig, welche Methode Sie anwenden wollen, denn sie ist bindend für jedes Training. Um erfolgreich zu sein, muss eine gewisse Automatisierung des Hundes in Form vieler positiver Wiederholungen erreicht werden.

Der Tisch

Die Positionen „Platz", „Sitz" und „Steh" sollte der Hund bereits auf ebener Erde gelernt haben.

Der Hund wird mit der Tischhöhe auf Anhieb bestens zurechtkommen, wenn er die Altersvoraussetzungen erfüllt, die volle Hürdenhöhe springen zu dürfen. Der Hundeführer befindet sich hinter dem Tisch und motiviert den Hund, der ihm gegenüber vor dem Tisch angeleint sitzt, aufzuspringen. Sanftes Zupfen an der Leine wirkt motivierend, desgleichen ein leichtes auffordernes Klopfen auf die Tischfläche (mit einem Wort, jedes Mittel ist recht, um den Hund auf das Hindernis neugierig zu machen).

Für manchen Hund ist es vorteilhafter, wenn ihn der auf dem Tisch kniende Hundeführer zu sich lockt.

Verweigert der Hund permanent den Aufsprung, sollten Sie – wenn möglich – die Tischhöhe verringern, oder den Hund mehrmals auf den Tisch heben und dort mit Leckerli aus der Hand füttern.

Der Slalom

Der Slalom ist eines der nicht so einfach zu erlernenden Geräte. Die Kanalmethode, auch Welpenslalom genannt, ist die für den Hund verständlichste und sicherste Ausbildungsart. Dazu benötigen Sie zwölf runde Stangen (30 bis 40 Millimeter Durchmesser, etwa einen Meter hoch). Schlagen Sie die Stangen genau im Mittel versetzt zueinander in zwei parallelen Reihen.

Wichtig ist, mit der ersten Stange der linken Reihe zu beginnen.

Der Abstand zwischen den Stangen ist davon abhängig, welches Fabrikat Ihnen zur Verfügung steht (die käuflichen Slaloms bewegen sich alle innerhalb der Norm von 50 bis 65 Zentimeter Stangenabstand). Hat Ihr Hundeverein einen Slalom mit einem Abstand von 55 Zentimetern, ergibt sich folgende Berechnung:

Der Stangenabstand beider Reihen in gerader Linie muss in diesem Fall 110 Zentimeter betragen. Der Kanalabstand richtet sich nach der Breite des Hundes, er sollte gerade durch den Kanal laufen können, ohne anzustoßen.

Zusätzlich werden Zaundrähte in leicht gebogener Form befestigt, das heißt: Die erste und dritte Stange, die zweite und vierte Stange und so fort werden miteinander verbunden. Drahtenden sichern nicht vergessen!

Nun kann's losgehen: Der angeleinte Hund sitzt im Kanal zwischen den beiden ersten versetzten Stangen, Blickrichtung zum Ende dieser „Allee". Sobald sich der Hund konzentriert, führen Sie ihn mit der senkrecht gehaltenen Leine durch diesen Kanal und achten darauf, dass er die Drähte nicht überspringt. Sollte es trotzdem einmal passieren, wird nicht getadelt.

TIPP:

Halten Sie die Leine so kurz wie möglich. Üben Sie von Anfang an Ihre Position links und rechts vom Hund. Läuft Ihr Hund in gerader Linie (ohne die Drähte zu überspringen) zum Ende des Kanals, können Sie die Leine entfernen und dasselbe wieder mehrmals praktizieren. Verwenden Sie in diesem Stadium bereits ein Kommando wie zum Beispiel „Slalom", „Zick-Zack", „Weave". Hat der Hund verstanden, ist es ratsam, ihn, wie oben beschrieben, mit Leine abzusetzen und sich zwei Schritte nach vorne zu entfernen. Sie animieren Ihren Hund, loszulaufen, ist der Hund auf Ihrer Höhe, laufen Sie mit. Und wieder jeweils auf beiden Seiten trainieren.

Erst mit, dann ohne Leine das Laufen im „Kanal" üben und dabei den Hund sowohl von rechts, als auch von links führen.

Der Kanal wird immer selbstverständlicher für den Hund, Ihr Abstand zu ihm immer größer.

Schritt für Schritt erhöhen Sie die Distanz zum Hund, letztendlich sollte er selbstständig den Kanal bis zu Ihnen durchlaufen (dann natürlich ohne Leine).

Nächste Übung – der Hund lernt, selbstständig das Gerät zu absolvieren: Sie legen ein Spielzeug oder Futter zum Ende des Kanals zwischen die letzten beiden Stangen. (Futter legen Sie vorzugsweise auf eine sichtbare Unterlage, etwa einen Plastikdeckel.) Gehen Sie Ihrem wartenden Hund bis über die Mitte entgegen, rufen ihn und schicken ihn zum ausgelegten Gegenstand. Der Hund wird von Anfang an den Motivationsgegenstand fixieren. Er geht die erste Hälfte selbstständig und dann mit seinem Hundeführer gemeinsam die zweite Hälfte bis zum Futter. Nun arbeiten

AGILITY

Zwischen den beiden letzten Stangen wartet eine handfeste Belohnung - das lässt jeden Hund bis zum Ende laufen.

Der Slalomeingang

Um dem Hund ein selbstständiges, richtiges Einfädeln in den Slalom beizubringen, bilden Sie ihn folgendermaßen aus: Sie verwenden wieder die Leine und laufen mit ihm gemeinsam aus einem Meter Entfernung zum Slalom und führen ihn regelrecht in die Öffnung. Dieses Hineinleiten öfter wiederholen, später können Sie die Leine entfernen.

In weiterer Folge laufen Sie den Slalomeingang sowohl von links als auch von rechts etwas schräg an (anfänglich wieder an der Leine) und perfektionieren diese Übung durch einen Bogen.

Ist das bis jetzt Erlernte gefestigt, dürfen Sie die Kanalbreite sukzessive um fünf Zentimeter verringern, bis die Stangen beider Seiten hintereinander in einer Linie stehen, um dann die oben beschriebenen Übungen in gleicher Reihenfolge durchzuführen. Die Drähte können nach und nach von der Mitte aus abgebaut werden.

Der einzige Nachteil dieser erfolgreichen Methode ist die Ausbildungsdauer von etwa drei Monaten.

Methode mit schräg gestellten Stangen

Diese Methode verbessert Hunde, die den Slalom nicht durch die Kanalmethode gelernt haben oder durch schlechte Führung langsamer geworden sind. Manchmal ist es sogar vorteilhaft, diese Slalomformation als Übergang von der Kanalmethode zum normalen Slalom zu verwenden.

Wie bei der Kanal-Methode werden zwölf Stangen in den Boden geschlagen, jedoch nur mit einer Kanalbreite von

Sie sich bei weiteren Übungen beidseitig Stange für Stange zurück, bis Sie auf Höhe des startenden Hundes angelangt sind und er den Slalom komplett selbstständig absolviert. Mit dieser Ausbildungsmethode erlernt der Hund das selbstständige Arbeiten, es ist vollkommen gleich, wo sich sein Führer befindet, der Hund wird den Slalom immer bis zum Ende laufen.

Schräg versetzte Stangen mit einer Kanalbreite von zehn Zentimetern sind ein guter Übergang zum normalen Slalom

Ein gespanntes Seil hindert den Hund daran, sich an dieser Stange falsch einzufädeln.

etwa zehn Zentimetern, und sie werden schräg um rund 45 Grad versetzt. Die Verwendung von Draht ist nicht nötig.

Der Trainingsaufbau ist der gleiche wie bei der Kanal-Methode, vermeiden Sie jedoch, an den Stangen zu streifen (anfangs ist das etwas gewöhnungsbedürftig, durch exakte Hand- und Leinenführung aber leicht vermeidbar). Der Neigungswinkel der Stangen wird je nach Lernfortschritt sukzessive bis auf 90 Grad erhöht, die Kanalbreite schrittweise verringert.

Fehlerkorrekturen beim Slalom

Der Hund fädelt ständig falsch ein, oder „vergisst" die beiden letzten Stangen.

Tipp 1: Gehen Sie einen Ausbildungsschritt zurück und bieten Sie ihm die Methode mit den schräg gestellten Stangen an. Wiederholt der Hund den gleichen Fehler (beispielsweise weil der Hundeführer ständig die falsche Körpersprache anwendet), sobald er im normalen Slalom läuft, versuchen Sie Folgendes:

Tipp 2: Montieren Sie einen reißfesten Faden (zwei bis drei Meter lang) an der Stange (in Brustkorbhöhe des Hundes), bei welcher er den Fehler begeht. Bitten Sie eine Person, das am Boden liegende Fadenende bei Bedarf zu spannen, um den Hund am falschen „Einfädeln" zu hindern.

Der Hund will beim Start nicht warten

Folgende Möglichkeiten haben sich bei mir in der Praxis bewährt:

1. Weggehen – Wiederkommen
2. Ballmethode
3. Leinenmethode

Weggehen – Wiederkommen: Sie gehen mit dem angeleinten Hund zum Starthindernis, setzen ihn einige Meter davor ab, um ihm anschließend Halsband und Leine abzunehmen. Während Sie vorgehen, um Ihren Hund abzurufen, ergibt sich das Problem: Er startet, ohne ein entsprechendes Kommando erhalten zu haben.

Problemlösung: Sie rufen den Hund zu sich, leinen ihn wieder an und Ihr Hund muss warten, bis der nächste Starter gelaufen ist. Dadurch wird er sehr schnell verknüpfen, dass es keinen Start ohne Kommando gibt, im Gegenteil, es bedeutet eine Verzögerung, bis er laufen darf.

Ist die richtige Verknüpfung erfolgt, und der Hund bleibt am Startplatz, soll er ohne weiteres auch dafür belohnt werden (zum Beispiel in Form von Leckerli), aber bitte nicht schematisieren, er soll immer im Ungewissen sein, ob und wann es Belohnung fürs Warten gibt oder der herbeigesehnte Start erfolgen darf.

Wenn diese Methode nur beim Training gelingt: Simulieren Sie (nach Absprache mit dem amtierenden Agilityrichter) im Rahmen eines Turniers oder einer Prüfung einfach einen Trainingslauf und verlassen Sie den Parcours, sobald der Hund einen (eventuell sogar provozierten) Fehlstart tätigt.

Für extrem hektische und überdrehte Hunde bietet sich bestens die Ballmethode an: Zwischen Ihnen und Ihrem Hund befindet sich die Starthürde. Um den Hund hinter dem Start zu fixieren, benötigen Sie einen Helfer, der ihn an der Leine zurückhält. Sie stehen Ihrem aufgeregten, vor Triebstau zitternden, wartenden Hund gegenüber und haben in der Hand ein Spielzeug (Empfehlung: Ball) versteckt. Er erhält den Ball sofort zugeworfen, sobald er Entspannung zeigt und sich offensichtlich auf ein Signal Ihrerseits konzentriert. Gleichzeitig treten Sie unter Lobesworten wieder neben den Hund, nehmen ihm ruhig den Ball aus dem Fang und wiederholen den Vorgang.

Will der Hund den Ball nicht gleich hergeben, hat sich der Tausch gegen Leckerli sehr gut bewährt, keinesfalls darf das Hergeben des Balles in eine Kampfhandlung ausarten, dies würde den Stress sogar noch fördern. Spricht der Hund auf das Leckerli nicht optimal an, kann natürlich auch der Tausch gegen ein anderes Spielzeug (Ball) erfolgen.

Ist Ihnen gelungen, dem Hund begreiflich zu machen, dass er nur in entspannter Stimmungslage bestätigt wird, variieren Sie das Gelernte durch zeitweises Abrufen über die Hürde. Dazu ist ein Helfer unumgänglich, er hat die Aufgabe, den Hund im entspannten Zustand abzuleinen, wenn er auf Befehl des Hundeführers über die Hürde springen darf.

Zeigt der Hund die erwünschte Verknüpfung durch relative Gelassenheit und Aufmerksamkeit, kann die Leine weggelassen und die Distanz zwischen Hundeführer und Hund schrittweise durch Abrufen über mehr als eine Hürde vergrößert werden.

Die Leinenmethode: Sie benutzen dazu seine gewohnte Leine und eine entspre-

Sobald der Hund sich entspannt, darf er sich seinen Ball abholen.

chend längere, leichte (eventuell Wäscheleine) Schnur mit kleinem, leichten Karabiner.

Ein Hund, für den „Klick" Start bedeutet, kann durch eine zusätzliche Hilfsleine, an deren Ende ein Assistent wartet, auf eine relativ schnell verständliche Verknüpfung konditioniert werden. Die einfache Lösung dieses Problems besteht darin, den Karabiner mit der normalen Leine abzunehmen – Hund wird annehmen, „Hurra, jetzt geht´s los", oder doch nicht, denn die auch am Halsband befestigte, oben erwähnte Hilfsleine hindert ihn am vorzeitigen Lospreschen, somit ist ein effizienter Überraschungseffekt garantiert. Für den Ernstfall (Prüfung oder Turnier) lassen sich ähnliche Bedingungen schaffen, indem man zwar das Halsband abnimmt und mit der Leine abgibt oder ablegt, aber vorher eine zweite Leine in einer lockeren Schlinge um die Vorbrust legt, so dass der Hund an einem Startversuch ohne Erlaubnis gehindert wird.

Bei manchen Hunden ist offensichtlich, warum sie beim Turnier oder Training langsamer werden. Die Ursache dafür ist wahrscheinlich, dass sie sich infolge von Unbehagen beim Agilitytraining komplett lustlos zeigen. Gründe dafür können sein:
· Futterumstellung
· Impfung
· Übersättigung durch zu viel Futter
· Schmerz, zum Beispiel infolge Splitter

oder Stein im Pfotenballen
- Schmerz durch Verletzung des Bewegungsapparates
- Schmerz unklarer Ursache
- Zu viel intensives Training
- Muskelkater
- Geistige Überforderung
- Nervenkostüm des Hundes (Geräusche)
- Ungerechtfertigte Rüge
- Beeinflussung durch den Mond
- Läufigkeit
- Hundeführer zeigt nicht mehr so viel Engagement wie üblich

Ein fataler Fehler des Hundeführers besteht oftmals darin, dass er versucht, durch übertriebene zusätzliche Motivation (Stimme erhöhen, noch bessere Leckerli, extrem freundliches Gehabe – auf gut Deutsch er spielt den berühmten Kasperl) auf den Hund „positiv?" einzuwirken. Wird nur mehr auf dieser Basis gearbeitet, verknüpft der Hund sehr schnell, dass er langsam, ja sogar unaufmerksam laufen muss, um die volle Aufmerksamkeit seines Hundeführers zu erhalten.

Besser wäre, die Ursache für die Lustlosigkeit des Hundes festzustellen. Damit gesundheitliche Probleme ausgeschlossen werden können, sollte ihn der Tierarzt untersuchen.

Weiterhin gönnen Sie ihm eine Pause von einigen Tagen, möglicherweise sogar Wochen.

Anschließend beginnen Sie mit kurzen Trainingseinheiten und kurzen Sequenzen (nur drei bis vier Geräte), belohnen den Hund jedoch nur, wenn er das gewünschte Verhalten zeigt. Hat der Hund sein Tempo wieder gesteigert, was aber einige Wochen dauern kann, erhöhen Sie die Anzahl der Geräte.

Fast jeder Hundeführer hat beim Turnier eine andere Ausstrahlung als beim Training, indem er sich nervös oder sogar gereizt verhält.

Je nach Hundetyp wirkt sein Führer in diesem Zustand wie Doping, und dieser „gedopte" Hund kann wahre „Superläufe" vollbringen. Bei Hunden mit einem sensiblen Nervenkostüm kann genauso der gegenteilige Effekt eintreten. So ein Hund zeigt eher Meideverhalten, weil ihm das Verhalten seines Führers in einem derartigen Erregungszustand fremd ist.

Ein weiterer Grund für Unlustverhalten Ihres Hundes wäre, dass Sie im Training immer tolerant sind und Fehler gelassen hinnehmen, jedoch beim Turnier Ihre schlechte Laune (wegen Disqualifikation oder Fehler) zeigen, und ihn sogar dafür tadeln.

Ergibt sich eine derartige Situation öfter, verknüpft Ihr Hund – Turnier ist alles andere als „fun"!

Kein Hund ist so wie der andere! Das sollten Besitzer mehrerer, sportlich tätiger Hunde eigentlich wissen und nicht von einem komplett anders veranlagten Nachfolger ihres vorigen Hundes dieselbe Leistung verlangen.

KÖRPERSPRACHE

Der Hund ist von seinem Naturell her ein aufmerksamer Beobachter. Er reagiert vor allem auf Bewegungsreize und hat in der

Dämmerung ein besseres Sehvermögen als der Mensch.

Auch wenn der Hund vermeintlich schläft, registriert er jede unserer Körperbewegungen, macht uns sogar glauben, er habe hellseherische Fähigkeiten, weil er schon im Voraus entsprechende Reaktion zu einem eigentlich erst geplanten Ereignis zeigt. Dabei hat sein Mensch nur unbewusst durch die Körpersprache (eventuell zu einem bestimmten Zeitpunkt) darauf hingewiesen.

Bei Agility verhält es sich ähnlich. Die Körpersprache ist eigentlich das einzig verlässliche Mittel, um dem Hund klarzumachen, wie er agieren soll. Alles andere ist von weniger großer Bedeutung mit Ausnahme einiger wichtiger verbaler Kommandos. Diese lauten:

Voran / Voraus / Go on
Bedeutet für den Hund, so lange die vor ihm befindlichen Geräte laufen zu dürfen, bis er ein neues Richtungskommando erhält, egal in welcher Form.

Richtungskommando
- Links / Rechts / Hundename, koordiniert mit richtiger Körpersprache
- Zurück / Kehrt / Back

Weist den Hund darauf hin, dass er in einem 180-Grad-Bogen zurück in Richtung des Hundeführers kommen soll und keinesfalls das unmittelbar vor ihm in Sicht befindliche Gerät absolvieren darf.

Links- Rechtskommando, ergänzt durch Zurück / Kehrt / Back, gibt dem Hund eine exakte Anweisung für seine Laufrichtung.

Aufmerksamkeitskommando
- Pass auf / Steady / Langsam / Hundename in hoher Stimmlage
  Wird dann verwendet, wenn ein Richtungswechsel demnächst / unmittelbar bevorsteht.
- Hat den Zweck, hohes Tempo zu verringern, unroutinierte Hunde auf ein schwieriges Hindernis hinzuweisen, empfiehlt sich auch vor Oxer, Doppelhürde, Wassergraben. Wirkt auch sehr effizient, um dem Hund das gewünschte Verhalten im Kontaktzonenbereich nahe zu bringen.

Es ist nicht unbedingt von Nachteil, wenn dem Hund die Geräte auch namentlich geläufig sind, zweckmäßig ist jedoch, mit unnötigen Kommandos sparsam umzugehen. Ein perfekt beherrschtes Gerät, das dem Hund mit Benennung „Wand" geläufig ist, noch zusätzlich mit „hinauf" zu komplizieren, ist unnötig. Genauso „Tunnel – durch", „Reifen – hopp", „Brücke – drüber" und so fort. Oft wird das ohnehin schon bindende Kommando „Voran" durch zusätzliche Sprungaufforderungen in Form von „Hopp" eigentlich wieder aufgehoben. Dies könnte den Hund sogar soweit irritieren, dass er verunsichert wird und sich den Absprung nicht optimal einteilt, was eine Kettenreaktion von Fehlern (auch Zeitfehlern) hervorrufen kann.

Auswirkungen falscher Körpersprache
Sichtzeichen oder Handzeichen, falsch eingesetzt, bewirken meistens eine falsche Richtungsweisung für den Hund. Der Hun-

deführer wird sich außerdem selbst beim Laufen behindern, weil die Haltung seines Oberkörpers nicht mit der geplanten Laufrichtung übereinstimmt. Handzeichen sind dazu da, vom Hund gesehen zu werden, was aber nicht möglich ist, wenn sie auf der dem Hund abgewendeten Seite gegeben werden.

Genauso verhängnisvoll kann sich ein Stehenbleiben des Hundeführers an der falschen Stelle auswirken (zum Beispiel Verweigerung, Stangenabwurf, durch Blick auf den Hundeführer Akzeptanz jenes Gerätes, das der Hund dann vor Augen hat, und Disqualifikation).

Das Unvermögen oder die Bequemlichkeit des Hundeführers, eine optimale Distanz zum Hund anzustreben, hat meistens zur Folge, dass er den Hund im entscheidenden Augenblick nicht im Gehorsam hat bzw. aus seinem Blickwinkel seinen Hund nicht richtig dirigieren kann.

Parcoursbegehung

Man sollte seinen Hund so weit kennen, dass er berechenbar ist, was bei der Parcoursbesichtigung bereits einkalkuliert werden kann. Das heißt: Bei einem Siegerteam funktioniert das exakte Einhalten des vorher einstudierten Bewegungsablaufes perfekt.

Wie entsteht ein Siegerteam?

- Die „Chemie" zwischen Hund und Führer muss stimmen
- Durch bedingungsloses Vertrauen beiderseits
- Durch perfektes Basistraining.
- Durch gezieltes Training und daraus resultierende Routine und Sicherheit
- Durch das Gefühl für richtiges Timing
- Durch positive Einstellung und Lernfähigkeit
- Durch ein gutes Nervenkostüm beiderseits
- Durch Risikobereitschaft
- Durch das bisschen Glück, das man im Leben braucht.